Reflexiones sobre lo Inexplicable

Octavio J. Rodríguez

TecnoTur
Publishing
Is there a book inside you?

Índice

Reflexiones sobre lo Inexplicable

Publicado por Editorial TecnoTur

Maquetación por Allan Tépper

Diseño de portadas: Andreína Ascanio Toro

ISBN de la versión impresa de tapa blanda:

979-8-9934183-4-6

ISBN de la versión electrónica (*ebook*):

979-8-9934183-5-3

ISBN del audiolibro

979-8-9934183-6-0

Dedicatoria

A mis padres, mis hijos y mi abuela Mami,
cuyas voces ya no habitan en este mundo,
pero sí en mi alma.
Aunque sus cuerpos ya no caminen a mi lado,
su esencia vive en mi memoria,
me guía en la oscuridad,
y me susurra en el misterio
que une la vida y la eternidad.

Introducción

Este libro nace de una inquietud que me acompaña desde siempre: el misterio del más allá, los espíritus y la posibilidad de comunicarnos con quienes han partido. Desde niño, sentí una curiosidad especial por estos temas, en parte gracias a un amigo cuyo padre era espiritista o médium. Aquella experiencia temprana encendió en mí el deseo de comprender qué hay más allá de la muerte.

Con el paso del tiempo, mi interés no hizo más que profundizar. He explorado documentales, series, libros y redes sociales que han moldeado mi mirada y avivado aún más mi inquietud. Recuerdo especialmente un artículo que leí hace muchos años en *Selecciones de Reader's Digest*, mientras esperaba continuar mi vuelo desde Caracas a la Ciudad de México, que había aterrizado en el aeropuerto de Panamá por una falla técnica. Este artículo dejó una impresión duradera en mí. Poco después, descubrí *Muchas vidas, muchos maestros* (1988), el primer libro del Dr. Brian Weiss. Aquella lectura fue una revelación, una puerta abierta a la posibilidad de las vidas pasadas y la continuidad del alma. Aunque no he leído toda su obra, sus ideas han nutrido y enriquecido esta conversación que hoy intento continuar desde mi propio asombro.

En estas páginas he reunido reflexiones breves, relatos y observaciones en torno a los grandes misterios de la existencia humana. He puesto un énfasis especial en cinco personas que han ahondado en el tema de la vida, la muerte y lo que hay después: Allan Kardec (1804-1869), el Padre Pío (1887-1968), Chico Xavier (1908-2010) y, finalmente, el Dr. Brian Weiss, y el Dr. Manuel Sans Segarra, en el presente.

Fenómenos como regresiones, apariciones, desapariciones de objetos, encuentros con seres fallecidos o la sensación inexplicable de una presencia forman parte de la experiencia de muchas personas. Más allá de interpretaciones convencionales, creo que estas vivencias merecen ser escuchadas sin prejuicio, con mente abierta y mirada crítica.

No pretendo afirmar verdades absolutas ni promover ninguna creencia. Lo que busco es abrir un espacio de diálogo entre lo racional y lo inexplicable, entre lo que sabemos y lo que sólo intuimos, entre lo visible y lo que parece moverse en los márgenes de nuestra realidad, y hacerlo con la curiosidad como brújula.

Más que un libro de respuestas, esta obra es una invitación a pensar con hondura y sentir con autenticidad. A considerar que la realidad quizás sea mucho más amplia de lo que nuestros sentidos nos permiten percibir, y que aquello que aún no comprendemos podría ser la antesala de dimensiones por descubrir.

No escribo estas páginas como experto, ni como médium, ni como médico, porque no lo soy; quizás me ha llevado a escribirlas mi espíritu de profesor, lo cual fui por mucho tiempo, o mejor aún, como alguien profundamente conmovido por el misterio.

A lo largo de mi vida, he escuchado relatos que desafían la lógica, he vivido experiencias difíciles de explicar, y he sentido con claridad que hay preguntas que merecen ser sostenidas, incluso si no tienen respuesta inmediata. También he leído, he visto y he escuchado testimonios que algunos llamarían «paranormales», pero que para mí son parte de una búsqueda más amplia y genuina.

Mucho se ha escrito acerca de este tema durante siglos. El misterio sobre el más allá, sobre lo desconocido, sobre el universo, ha sido una inquietud que se ha planteado la mayoría de los seres humanos a lo largo de la historia, y que, aún hoy, sigue estando más vigente que nunca. Somos muchos quienes creemos en la continuidad de la vida y muy pocos los que no piensan en esa posibilidad. Desde que tengo uso de razón, siempre he sentido la necesidad, o llámese curiosidad, por saber más al respecto.

¿Qué pasa después de que partimos de este mundo? ¿A

dónde llegaremos? ¿Volveremos? ¿Cómo nos tratarán por allá? ¿Me voy a encontrar con mis seres queridos, mis amigos, etc.? Son muchas las preguntas que nos hacemos y quisiéramos obtener una respuesta.

Algunas corrientes filosóficas y religiosas sostienen que la vida no termina, sino que se transforma; la filosofía ha explorado la naturaleza de la conciencia y su posible continuidad tras la muerte. Algunas filosofías y religiones consideran la muerte como el inicio de una nueva existencia. La cuestión de si la vida termina, continúa o se transforma después de la muerte sigue siendo un misterio sin una respuesta definitiva. Las interpretaciones varían según las creencias personales, culturales y religiosas, así como los avances científicos.

Al final, también nos preguntamos: ¿qué somos, para qué estamos aquí? ¿Estamos solos en el universo? Si tú has sentido que hay algo más allá de lo evidente, quizá encuentres aquí ecos de tus propias inquietudes. Y si nunca has sentido esa inquietud, tal vez este recorrido despierte nuevas preguntas. En cualquiera de los casos, lo esencial es buscar con honestidad. Este libro es fruto de esa búsqueda. Y si al leerlo sientes, aunque sea por un instante, que nuestro lugar entre la vida y la muerte es más vasto de lo que imaginamos, entonces el propósito habrá sido cumplido.

Capítulo 1
¿Qué es la vida?

Una de las grandes preguntas de la humanidad es ésa: ¿qué es la vida? La vida es el mayor enigma. Nos atraviesa, nos transforma y nos impulsa a preguntarnos: ¿qué significa estar vivo? La vida es adentrarse en un terreno profundo y multidimensional, un desafío que toca la biología, la filosofía, la espiritualidad y hasta la cultura.

La vida es el estado de existencia de un ser, caracterizado por la capacidad de crecer, reproducirse, responder a estímulos y mantenerse en funcionamiento a través de procesos biológicos. También se puede entender como la experiencia de tener emociones, pensamientos, acciones y relaciones con otros seres vivos. La vida es un misterio y una maravillosa oportunidad para experimentar y aprender en este mundo.

Wikipedia nos dice que no hay una definición única y generalmente aceptada, que es un concepto difícil de definir satisfactoriamente y que depende del enfoque con que se estudie; pero en general, es la propiedad que distingue a la materia que tiene procesos biológicos y autosostenimiento de la materia que no los tiene.

Otras definiciones la describen como la organización de la materia orgánica en un sistema, ya sea simple o complejo, llamado ser vivo, capaz de autosostenerse homeostáticamente y replicarse a sí mismo bioquímica y termodinámicamente, extrayendo y entregando energía al entorno e interactuando con el medio o biotopo particular donde se desenvuelve.

La definición de la vida abarca varias áreas. Por ejemplo, desde la química, es un sistema que utiliza energía para evitar alcanzar el equilibrio químico; desde la biología, se suelen enumerar una serie de caractcrísticas que distinguen a los seres vivos del resto de las realidades naturales, como la capacidad de organización, crecimiento, metabolismo, respuesta a estímulos o reproducción.

Científicamente, puede definirse como la capacidad de administrar los recursos internos de un ser físico de forma adaptada a los cambios producidos en su medio, sin que exista una correspondencia directa de causa y efecto entre el ser que administra los recursos y el cambio introducido en el medio por ese ser, sino una asíntota de aproximación al ideal establecido por dicho ser, ideal que nunca llega a su consecución completa por la dinámica del medio.

Ahora bien, también podemos ver la vida desde la biología y la conciencia.

La vida desde la biología

La vida, desde una perspectiva biológica, se basa en la existencia de células, el ADN y la evolución. Las biomoléculas esenciales, como los glúcidos, lípidos, proteínas y ácidos nucleicos, forman la base de los organismos vivos. La teoría celular establece que toda célula proviene de otra célula, y la evolución explica cómo las especies han cambiado a lo largo del tiempo mediante la selección natural.

La vida desde la conciencia:

Podemos comenzar preguntando: ¿es la vida un fenómeno cerebral o algo más? El consenso científico sugiere que la conciencia es una propiedad emergente del cerebro, pero algunos investigadores sostienen que podría existir independientemente de él, como una propiedad fundamental del universo. La neurociencia ha explorado cómo la actividad cerebral genera la percepción consciente, pero hay quienes argumentan que la conciencia podría ser más que sólo procesos neuronales. Generalizando, podemos decir que la vida es un proceso dinámico que va más allá de la mera existencia biológica. Es la interacción constante entre materia y conciencia, donde cada ser se transforma, aprende y busca crear su propio significado.

La vida surge sin un propósito aparente, fruto del azar y la selección natural. Cada individuo, consciente de esa ausencia de sentido predefinido, tiene la libertad (y la carga) de crear su propio «porqué». Esa creación de significado es lo que enriquece nuestras alegrías, alivia nuestros sufrimientos y da coherencia a nuestras decisiones.

Hablar de la vida nos lleva a tratar de contestar la pregunta sobre la relación entre cuerpo y mente: **¿somos cuerpo con mente o mente con cuerpo?** Esta pregunta ha sido debatida por filósofos y científicos. ¿Somos mente? Algunos relatos de personas que afirman haber vivido antes sugieren la posibilidad de la reencarnación, por lo que entonces seríamos mente. Por ejemplo, hay testimonios que incluyen niños que recuerdan vidas pasadas con detalles precisos, así como personas que experimentan regresiones hipnóticas y casos de *déjà vu* que parecen indicar recuerdos de otras existencias. ¿Entonces, somos mente? Hay quienes creen que sólo somos cuerpo, ya que al morir desaparecemos. Seguramente tú tendrás tus propias respuestas.

Capítulo 2
¿Qué es la muerte?

É sta es una de las preguntas más difíciles de contestar; filósofos, religiosos y científicos también se la han preguntado y muchos coinciden en su apreciación. Aquí veremos algunas de sus respuestas. La muerte es lo único que tenemos asegurado desde que nacemos y, sin embargo, la mayoría de las personas evita hablar de ella; muchos la tildan de tabú, aunque saben de antemano que ese momento llegará.

Según *Wikipedia*: «La muerte, (a veces referida por los eufemismos **deceso, defunción, expiración, falleci-miento u óbito**, entre otros), es el fin de la vida. Es un suceso irreversible que resulta del cese de la homeostasis en un ser vivo, es decir, de su incapacidad de utilizar energía para mantener al organismo vivo, con lo cual las funciones vitales llegan a su término. La causa de muerte puede ser natural (envejecimiento, enfermedad, depredación, desastre natural) o inducida (suicidio, homicidio-asesinato, eutanasia, accidente, pena de muerte, desastre medioambiental, etc.)».

La gran pregunta que nos hacemos: **¿Cuándo nos morimos o cuándo empieza la muerte?**

¿Morimos de golpe, o por etapas? Esta pregunta ha sido considerada por muchos. Por ejemplo, médicos de cuidados intensivos cuentan que muchos pacientes «comienzan a irse» días antes del fallecimiento físico. Dejan de comer, se despiden, ven cosas o seres que los demás no ven.

Algunas investigaciones han detectado actividad cerebral persistente después de un paro cardíaco, lo que sugiere que la muerte podría ser un proceso más gradual de lo que se pensaba.

También personas han reportado fenómenos como una sensación de «desdoblamiento» antes del último aliento, al igual que apariciones de familiares fallecidos en los momentos finales. Hay personas que han tenido una claridad mental súbita poco antes de morir, incluso en enfermos graves (fenómeno conocido como «lucidez terminal»). Todo esto sugiere que la muerte podría no ser un botón que se apaga, sino «una transición progresiva hacia otro estado».

Podemos decir entonces que la cuestión de si la vida termina, continúa o se transforma después de la muerte sigue siendo un misterio sin una respuesta definitiva. Las interpretaciones varían según las creencias personales, culturales y religiosas, así como los avances científicos. Cada perspectiva ofrece una forma de comprender y enfrentar la realidad de la muerte y lo que podría haber más allá. Según Albert Einstein, la muerte es sólo un cambio de estado, es como cambiar de frecuencia; no desaparecemos, sólo dejamos de ser visibles en esta dimensión; es un cambio de estado, no es una extinción.

La muerte no es sólo un hecho biológico; es un concepto que afecta cómo vivimos, amamos, tememos y creemos. Entonces, ¿qué es realmente la muerte? ¿Después que mueres termina la vida, ella continúa, o empiezas una nueva? Podemos decir que la muerte no sólo marca el fin de la vida de la persona humana, sino también el fin de su existencia en el mundo que conocemos.

Ahora, ¿qué ocurre después de la muerte? Esta pregunta ha sido objeto de reflexión y debate a lo largo de la historia, abordada desde perspectivas científicas, filosóficas y religiosas.

Desde el punto de vista científico, la muerte se define como la interrupción irreversible de las funciones vitales: respiración, circulación y actividad cerebral. La medicina ha avanzado en la lucha contra enfermedades mortales, mientras que la tecnología ha abierto debates sobre la posibilidad de extender la vida humana mediante la inteligencia artificial y la criogenia.

La biología la define como la interrupción irreversible de las funciones vitales: respiración, circulación y actividad cerebral. Hoy se distinguen dos tipos: Muerte clínica, cuando el corazón se detiene, pero aún puede ser revivido. Muerte cerebral, ausencia total de actividad en el encéfalo, incluso con respiración asistida. En la mayoría de los países, ésta es considerada la «muerte real». Pero el desarrollo de técnicas de reanimación, coma inducido, trasplantes y respiradores ha hecho que esta frontera sea cada vez más difusa.

La filosofía también ha explorado la naturaleza de la conciencia y su posible continuidad tras la muerte; entre ellas tenemos las siguientes:

El dualismo que propone que la mente o el alma (como se quiera llamar para este concepto) son diferentes al cuerpo físico y podrían sobrevivir a la muerte corporal.

El materialismo, que sostiene que la conciencia es producto de procesos físicos y, por tanto, cesa con la muerte del cuerpo.

También debemos mencionar los enfoques que le dieron algunos conocidos filósofos:

Platón veía la muerte como el proceso mediante el cual el alma se libera del cuerpo y regresa al mundo de las ideas, donde puede contemplar la verdad en su forma pura; decía que el cuerpo es una prisión que limita al alma, impidiéndole acceder al conocimiento absoluto. La muerte, entonces, no es algo que deba temerse, sino más bien un tránsito hacia un estado superior de existencia. Para él, los filósofos, al buscar la verdad más allá de lo material, son los más preparados para afrontar la muerte sin miedo, porque han dedicado su vida a lo eterno y trascendental. Es un enfoque fascinante sobre la muerte, que influyó en la filosofía posterior y sigue siendo objeto de debate hoy día.

Pitágoras también tenía una visión fascinante sobre la muerte; decía que el alma es inmortal y, después de la muerte, pasa de un cuerpo a otro en un ciclo continuo de reencarnación. Él y sus seguidores creían que el alma se purificaba a través de sucesivas vidas, hasta alcanzar un estado de perfección. Pitágoras afirmaba recordar algunas de sus vidas pasadas. Veía el universo como una estructura armoniosa regida por números; todo tenía un orden cósmico, y la muerte no era más que una transformación dentro de ese orden.

Epicuro, filósofo griego que vivió en el siglo IV A. C., fundador del **epicureísmo**, que promovía la búsqueda de la felicidad a través del placer moderado y la amistad, así como la eliminación del miedo y la ansiedad. Decía que: «la muerte no debía preocuparnos; mientras vivimos, la muerte no está. Y cuando llega, ya no estamos».

Teilhard de Chardin, un filósofo, teólogo y paleontólogo francés que combinó su visión cristiana con la teoría de la evolución para desarrollar una perspectiva única sobre la vida, la muerte y el destino humano. Para **él** la muerte no era un final absoluto, sino un paso dentro del proceso de evolución espiritual y cósmica. Su pensamiento tuvo un impacto profundo en la teología y en debates sobre la compatibilidad entre ciencia y religión. Su obra fue en su momento polémica dentro de la Iglesia, pero con el tiempo, sus ideas han sido valoradas por muchos que buscan una síntesis entre espiritualidad y evolución.

Martin Heidegger, filósofo alemán muy conocido, introdujo el concepto de «Dasein», que explora la existencia humana y nuestra relación con el mundo. Decía que la muerte es lo que da sentido a la vida. Vivir auténticamente es vivir «con la muerte delante», es decir, asumiendo que somos finitos.

En cuanto al enfoque religioso, la religión ve a la muerte como un nuevo comienzo, no como un final. Algunas filosofías y religiones consideran la muerte como el inicio de una nueva existencia y han proporcionado diversas explicaciones sobre la vida después de la muerte; así tenemos:

El cristianismo: Cree en la resurrección y en una vida eterna en el cielo o el infierno, dependiendo de la fe y las acciones del individuo. Es una de las más populares. El concepto es simple: si fuiste bueno y estás arrepentido de tus pecados, tendrás vida eterna en el cielo; si no es así, irás directo al infierno.

El islam: La muerte se considera como una transición hacia la vida eterna, donde cada individuo será juzgado por sus acciones en esta vida. Según la enseñanza islámica, la vida en este mundo es pasajera y temporal, mientras que la verdadera vida comienza después de la muerte. El islam enfatiza la importancia de llevar una vida piadosa y misericordiosa para asegurar una buena posición en la otra vida. (Personalmente, pienso que en la actualidad muchos que profesan el islam hoy no piensan en la misericordia, pues no puede ser misericordioso quien mata a otra persona por no ser de su religión).

El hinduismo: La considera como parte del ciclo de reencarnación, donde el alma pasa por múltiples vidas hasta alcanzar la liberación final. **La muerte** no se percibe como el fin definitivo, sino como un cambio de estado que permite al alma avanzar en su evolución espiritual.

El budismo: Considera la muerte como parte natural e inevitable de la vida. Se ve como un proceso de transición hacia otra forma de existencia, ya sea a través de la reencarnación, donde el alma renace en un nuevo cuerpo y el ciclo continúa hasta alcanzar la liberación espiritual, o de alcanzar el estado de nirvana. Los seguidores del budismo deben aceptarla como parte de la vida y prepararse para ella a través de la práctica de la meditación, la compasión y el desapego de los deseos mundanos.

El miedo a la muerte ha sido una de las fuerzas más poderosas que han impulsado el desarrollo del arte, la religión y la ciencia a lo largo de la historia. En el arte ha servido como un medio para expresar y procesar el miedo a la muerte. Desde las pinturas medievales que representaban la muerte como una figura aterradora hasta las obras contemporáneas que exploran la mortalidad de manera más abstracta, los artistas han utilizado su creatividad para enfrentar la incertidumbre de la existencia.

Las religiones han ofrecido respuestas al miedo a la muerte mediante la promesa de una vida después de la muerte, la reencarnación o la trascendencia espiritual. La creencia en un más allá ha sido fundamental para muchas tradiciones religiosas, proporcionando consuelo y estructura a la vida humana. Los rituales funerarios, las plegarias y las enseñanzas religiosas han ayudado a las personas a enfrentar la incertidumbre de la muerte.

La literatura, el cine y la música también han abordado este tema, permitiendo a las personas reflexionar sobre su propia finitud, y hoy día, ya no podemos dejar fuera la Internet, que ha permitido a millones de personas expresar sus ideas y opiniones e igualmente relatar sus propias experiencias.

Podemos decir que la muerte no es sólo una interrupción, es como un espejo que al mirar en él puede revelarnos no sólo lo que dejamos atrás, sino lo que aún podemos descubrir; nos enfrenta con lo que somos, con lo que tememos, con lo que aún no hemos resuelto y, tal vez, en esa mirada profunda, descubrimos que morir también puede ser una forma de despertar.

¿Realmente le tememos más a la muerte o a ser olvidados? Ese temor también podría ser a lo desconocido, al apego a las personas que queremos o a los bienes que tenemos. Quizás no tengamos una sola respuesta sobre la muerte, pero hacernos la pregunta ya nos vuelve más humanos.

Capítulo 3
¿Hay vida después de la muerte?

¿Qué sucede cuando deja de latir nuestro corazón? Ese momento final, que al mismo tiempo abruma y fascina, abre una puerta a preguntas tan antiguas como la humanidad. La certeza de la muerte convoca el misterio de lo que vendrá, y en esa frontera se entrelazan testimonios de experiencias cercanas a la muerte, creencias antiguas sobre el más allá y hallazgos científicos que empujan los límites de lo conocido. La pregunta sobre si hay vida después de la vida es una de las grandes incógnitas de la humanidad y depende en gran medida de creencias personales, religiosas, filosóficas o científicas.

Contestar a la pregunta de si hay vida después de la vida o de la muerte, como podrían pensar algunos, parece muy difícil, pero si nos adentramos en la historia y pensamos en los millones de años que tiene la humanidad, quizás ello nos dé una mayor luz.

Culturas ancestrales, como la egipcia, la maya y la tibetana, no veían la muerte como un final, sino como un paso a otra forma de existencia. El cuerpo se muere, pero el alma sigue. Y lo que hagamos aquí influye en ese «más allá».

Las religiones han ofrecido respuestas al miedo a la muerte mediante la promesa de una vida después de la muerte, la reencarnación o la trascendencia espiritual. La creencia en un más allá ha sido fundamental para muchas tradiciones religiosas, proporcionando consuelo y estructura a la vida humana. Los rituales funerarios, las plegarias y las enseñanzas religiosas han ayudado a las personas a enfrentar la incertidumbre de la muerte.

La literatura, el cine y la música también han abordado este tema, permitiendo a las personas reflexionar sobre su propia finitud y la vida en el más allá. Hoy día ya no podemos dejar fuera la Internet, que ha permitido a millones de personas expresar sus experiencias, vivencias, ideas y opiniones sobre la materia.

Antes de ahondar un poco sobre este tema, déjeme diferenciar entre el espíritu, el alma y la mente, temas que también han sido objeto de debate en la filosofía, la ciencia y la espiritualidad durante siglos.

Es importante ver las diferencias entre mente, alma y espíritu. Es una pregunta profunda y luminosa. La diferencia entre el espíritu y el alma ha sido explorada por místicos, filósofos y teólogos durante siglos, y aunque no hay una única definición universal, aquí te comparto una síntesis simbólica y conceptual que puede resonar con tu sensibilidad:

La mente: La mente es funcional, lógica, analítica; procesa información, razona, imagina y decide. Es un espejo que refleja el mundo exterior, pero también puede distorsionarlo. La mente habita el plano del tiempo psicológico, donde pasado y futuro se entremezclan. Puede volverse tirana si no está guiada por el alma o el espíritu. Se llena de ruido, juicios y miedo.

El alma: El alma es la identidad que siente, recuerda y evoluciona. Es la sede de la emoción, la memoria, el deseo, el sufrimiento y la transformación; su naturaleza es mutable, personal e íntima. El alma guarda las huellas de nuestras experiencias, nuestras heridas y nuestras búsquedas. Podríamos decir que es un río que fluye entre la tierra y el cielo, llevando consigo las historias vividas. El alma es lo que reencarna, lo que aprende y lo que se purifica a través de la vida.

El espíritu: El espíritu es la chispa divina, eterna e inmutable. Es la esencia pura, la conexión directa con lo trascendente, con lo absoluto. Es también de naturaleza inmutable, universal y luminosa. El espíritu no sufre ni cambia: simplemente es. En muchas tradiciones, el espíritu es lo que nos conecta con Dios, con el Todo, con la fuente original.

Podríamos decir que el alma es el viajero, y el espíritu es el faro. El alma busca, cae, se levanta, ama y duda. El espíritu observa, guía y sostiene. En algunas corrientes filosóficas (como el neoplatonismo o el sufismo), el alma asciende hacia el espíritu, como quien regresa a casa después de una larga travesía. Resumiendo, el alma canta, el espíritu vibra; el alma recuerda, el espíritu sabe; el alma se transforma; el espíritu permanece.

En la mayoría de las tradiciones espirituales, como el cristianismo, judaísmo, islam, hinduismo y budismo, el alma es considerada una esencia inseparable del ser humano. Es lo que nos conecta con lo divino, lo eterno y lo trascendente. En este marco, todo ser humano tiene alma, aunque puede estar dormida, fragmentada o desconectada de su propósito.

En vista de todo lo anterior, debemos señalar qué implica ser desalmado, palabra que a veces escuchamos o decimos.

En lenguaje cotidiano, se usa para describir a alguien cruel e insensible, capaz de causar daño sin remordimiento. En sentido simbólico, podría referirse a alguien que ha perdido el contacto con su esencia, con su centro espiritual, con aquello que lo hace verdaderamente humano. En literatura y filosofía, el desalmado es a veces el arquetipo del «hombre máquina», del ser que actúa sin conciencia, sin luz interior.

Imaginemos que cada ser humano lleva una lámpara encendida en su interior. El desalmado no ha perdido la lámpara, pero ha cubierto la llama con capas de ego, miedo o indiferencia, y sin esa luz, sus actos se tornan fríos, mecánicos e incluso violentos.

La vida después de la vida podemos verla también desde varias perspectivas:

Perspectivas religiosas y espirituales:

Muchas religiones creen en una forma de existencia después de la muerte, como el cielo, el infierno, la reencarnación o el renacimiento.

El cristianismo, el islam y el judaísmo hablan de un juicio final y una vida eterna.

El hinduismo y el budismo proponen la reencarnación, donde el alma renace en un nuevo cuerpo según el karma.

Perspectiva científica:

La ciencia no ha encontrado evidencia concluyente de una vida después de la muerte, ya que la conciencia parece depender del cerebro, que deja de funcionar al morir.

Sin embargo, teorías como el panpsiquismo (la conciencia como propiedad fundamental del universo) o la física cuántica han abierto debates sobre la posibilidad de una continuidad de la conciencia. No obstante, muchos científicos, como médicos, psicólogos y psiquiatras, han estado de acuerdo en la existencia de una vida, no como la terrenal, pero sí una existencia del ser que ha muerto en otro mundo.

Perspectiva filosófica:

Algunos filósofos argumentan que la conciencia podría ser independiente del cuerpo (dualismo), mientras que otros sostienen que la muerte es el fin definitivo (materialismo).

La realidad es que no hay una respuesta definitiva totalmente aceptada por todos sobre la vida después de la vida;

ello sigue siendo una de las grandes incógnitas de la humanidad y depende en gran medida de creencias personales, religiosas, filosóficas o científicas. No obstante, como veremos en los siguientes capítulos, esta pregunta va aclarando cada vez más las dudas que podríamos tener.

Nos preguntamos: ¿Y si la muerte no fuera un final?

Culturas ancestrales, como la egipcia, la maya y la tibetana, no veían la muerte como un final, sino como un paso a otra forma de existencia. El cuerpo se muere, pero el alma sigue. Y lo que hagamos aquí influye en ese «más allá».

La física cuántica más especulativa incluso abre la puerta a la idea de que la conciencia no desaparece. Algunos científicos sugieren que podría continuar en un «campo de información», es decir, donde la información fluye o se organiza fuera del cuerpo, como una especie de internet cósmico.

El miedo a la muerte y lo que hay más allá ha sido una de las fuerzas más poderosas que han impulsado el desarrollo del arte, la religión y la ciencia a lo largo de la historia. En el arte, ha servido como un medio para expresar y procesar el miedo a la muerte y la resurrección. Desde las pinturas medievales que representaban la muerte como una figura aterradora hasta las obras contemporáneas que exploran la mortalidad de manera más abstracta, los artistas han utilizado su creatividad para enfrentar la incertidumbre de la existencia.

Las religiones han ofrecido respuestas a la muerte mediante la promesa de una vida después de la muerte, la reencarnación o la trascendencia espiritual. La creencia en un más allá ha sido fundamental para muchas tradiciones religiosas, proporcionando consuelo y estructura a la vida humana. Los rituales funerarios, las plegarias y las enseñanzas religiosas han ayudado a las personas a enfrentar la incertidumbre de la muerte.

De igual manera, lo han hecho la literatura, el cine y la televisión, pero también es importante mencionar la gran contribución de la Internet, a través de las redes sociales, que han abordado este tema, permitiendo a las personas reflexionar sobre su propia finitud.

Hay infinidad de testimonios de quienes han rozado la muerte y han regresado con relatos de luz, paz y encuentros insólitos. Igualmente, existen tradiciones religiosas y filosóficas que describen cielos, infiernos, reinos intermedios, ciclos de reencarnación y, quizás, algo de gran importancia: los estudios médicos y parapsicológicos que analizan la supervivencia de la conciencia más allá del cuerpo, mediante relatos de regresiones a vidas pasadas y visiones de realidades paralelas.

Cada enfoque aporta una pieza al rompecabezas, pero la verdadera respuesta tal vez resida en nuestra necesidad de trascender lo finito. Al adentrarnos en estas páginas, no buscaremos certezas absolutas, sino invitaciones para expandir nuestra mirada y formular nuevas preguntas ante el gran misterio: ¿qué permanece cuando todo cambia? ¿qué ocurre cuando el cuerpo muere?

Capítulo 4
Experiencias cercanas a la muerte (ECM)

Realmente no podemos dejar de mencionar lo que miles de personas en todo el mundo han sentido y reportado: lo que llaman experiencias cercanas a la muerte (ECM). Estas experiencias, sentidas por personas, no son alucinaciones comunes; por el contrario, suelen ser experiencias estructuradas, coherentes y profundamente transformadoras. Algunas personas que han estado clínicamente muertas y han revivido reportan experiencias como ver luces, túneles o encuentros con seres queridos fallecidos. La ciencia no tiene respuestas concluyentes y aún debate si estas experiencias son producto de la actividad cerebral en situaciones extremas o evidencias de una conciencia más allá del cuerpo. Lo que sí podemos afirmar es que hay una serie de elementos comunes en esas experiencias, por ejemplo:

- Sensación de salir del cuerpo.
- Ver el propio cuerpo desde arriba.
- Sentirse atraído hacia un túnel o pasaje de luz.
- Encontrarse con seres luminosos, familiares fallecidos o figuras espirituales.
- Revisión completa de su vida («como una película en segundos»).
- Sensación de paz indescriptible, amor absoluto.
- Decisión (propia o impuesta) de regresar.

¿Qué dice la ciencia sobre estos fenómenos? Aquí mencionamos algunas explicaciones fisiológicas:

- La privación de oxígeno en el cerebro puede causar alucinaciones visuales.
- La liberación de endorfinas genera sensaciones de euforia.
- El lóbulo temporal puede inducir experiencias «místicas» bajo ciertas condiciones.

Para muchos científicos también existen muchas dudas sobre esas explicaciones, ya que algunos pacientes les han descrito detalles precisos del entorno durante su inconsciencia; algunos han reportado eventos que ocurrieron fuera de la habitación donde estaban recluidos. De igual manera, han notado el cambio que han sufrido estas personas después de haber perdido el miedo a la muerte. Muchos de ellos han desarrollado empatía extrema o incluso habilidades nuevas.

Otro fenómeno intrigante relacionado con la vida después de la vida es el de niños que recuerdan vidas pasadas. Uno de los más conocidos es el trabajo del doctor Ian Stevenson, psiquiatra de la Universidad de Virginia, quien documentó más de 2.000 casos. Él llama la atención sobre algunos casos interesantes:

- Niños que describen con precisión lugares, nombres y eventos de personas fallecidas que nunca conocieron.
- Marcas de nacimiento que coinciden con heridas de muerte de esas otras personas.
- Conocimiento de idiomas o habilidades que no deberían poseer.

Aunque estos casos no prueban nada en términos científicos estrictos, sí abren la posibilidad de que la conciencia no depende completamente del cuerpo físico.

Estoy seguro de que muchos lectores han tenido experiencias que pudiéramos llamar «paranormales», como por ejemplo, el haber sentido que ya conocían un lugar al que han visitado por primera vez; que conocen a una persona por primera vez y sienten que ya la han conocido antes; que de repente sienten la presencia de alguien, pero no hay nadie visible; o que se han salvado milagrosamente porque han tomado una decisión que les ayudó a evitar lo que no esperaban, y así una gran cantidad de ejemplos.

Ahora bien, ¿y si la muerte no es el fin, sino un tránsito?

La idea de la muerte como una transición en lugar de un final es una perspectiva compartida por muchas tradiciones espirituales y filosóficas. En lugar de verla como una cesación absoluta, se interpreta como un paso hacia otra forma de existencia, ya sea en términos de reencarnación, transformación energética o unión con lo divino. En otras palabras, estamos aquí de tránsito, esperando seguir hacia algo que hoy por hoy no conocemos a ciencia cierta.

Para las personas que han tenido experiencias cercanas a la muerte (ECM) o creen en la continuidad de la existencia, la vida cobra otro sentido. Podemos decir que:

Se les reduce el miedo a morir.

- Dan prioridad al amor, la compasión y lo esencial.
- Viven ahora con una sensación de propósito profundo.

Tal vez no podamos demostrar que hay vida después de la vida, pero sí podemos escuchar con humildad los testimonios, las intuiciones, los misterios y vivencias, y en ellos encontrar pistas de una verdad más amplia que la que conocemos. Tal vez la muerte sea sólo una frontera entre lo que creemos saber y lo que aún nos falta por descubrir. Quizás no sea el fin, sino la invitación más grande a mirar más allá. Una verdad que no cabe en ecuaciones, pero sí en el corazón humano.

No quisiera terminar este capítulo sin dejar de mencionar hechos comprobados de personas que han estado a punto de morir y que, por causas desconocidas, se han salvado. Hay muchos ejemplos de ello; basta con mirar las redes sociales para ver cantidades de videos donde se puede observar a alguna persona o grupo que se salva de morir o de ser herido en un momento determinado, ya sea porque en ese mismo momento se movió del lugar o no llegó a tiempo.

Recientemente nos informamos del accidente del avión de Air India. El 12 de junio de 2025, un avión Boeing 787-8 Dreamliner de Air India se estrelló segundos después de despegar desde Ahmedabad, India, rumbo a Londres. El accidente dejó 260 fallecidos, incluyendo 242 personas a bordo y 18 en tierra. Sólo una persona sobrevivió al devastador accidente: Viswash Kumar Ramesh, ciudadano británico de origen indio, gracias a una combinación de ubicación, rapidez y circunstancias extraordinarias. Estaba sentado en el asiento 11A, justo al lado de una salida de emergencia. Cuando el avión se estrelló contra un edificio residencial, esa parte del fuselaje se rompió, creando un espacio por donde pudo ... Escapar. Tras el impacto, rodeado de fuego, humo y cuerpos, Ramesh desabrochó su cinturón de seguridad, empujó con la pierna y se arrastró fuera del avión. A pesar de las quemaduras en su mano izquierda y múltiples heridas, logró caminar hasta que fue auxiliado por residentes locales. Viajaba con su hermano, sentado en el asiento 11J, al otro lado del pasillo. Ramesh intentó regresar para salvarlo, pero no pudo. «Desearía no estar vivo», confesó, devastado por no haber podido rescatarlo.

Aunque algunos creen que su ubicación junto a la salida fue clave, otros señalan que la suerte y el ángulo del impacto también jugaron un papel crucial. No hay una explicación definitiva, pero su testimonio ha conmovido al mundo.

Veamos también el caso reciente del actor Jeremy Renner, quien también vivió una experiencia cercana a la muerte tras ser aplastado por una máquina quitanieves.

El 1 de enero de 2023, en las nevadas colinas de Reno, Nevada, Jeremy Renner enfrentó la muerte en un acto de puro altruismo. Al intentar salvar a su sobrino de ser atropellado por una máquina quitanieves de siete toneladas, Renner fue arrastrado y aplastado por el vehículo. El impacto fue devastador: 38 huesos fracturados, ambos pulmones colapsados, una perforación hepática, trauma craneal severo. Su cuerpo quedó al borde del colapso total, y su conciencia, suspendida entre dos mundos.

Durante los minutos en que estuvo clínicamente muerto, Renner vivió lo que él describe como una experiencia fuera del tiempo y del cuerpo. «Fue un alivio inmenso salir de mi cuerpo», confesó. «Sentí una paz indescriptible. Era como si mi ser se disolviera en átomos, en energía pura. No había tiempo, no había espacio. Todo era conocimiento, todo era experiencia, todo al mismo tiempo».

En ese estado percibió una «serenidad eléctrica», una energía conectada, bidireccional, que lo envolvía. No era una visión religiosa tradicional, sino una vivencia profundamente espiritual, donde el amor se reveló como la única constante. «No quería regresar», admitió. «Me trajeron de vuelta y me sentí decepcionado. Pero entendí que aún tenía algo que hacer aquí».

Desde entonces, su vida cambió radicalmente. Renner abandonó la búsqueda de bienes materiales y redefinió sus prioridades. «Ahora invierto en amor, en mis relaciones, en lo que comparto con los demás. Porque eso es lo único que te llevas contigo». Su experiencia cercana a la muerte no sólo lo transformó físicamente, sino que lo reconectó con una verdad esencial: que la conciencia, el amor y la conexión humana trascienden el cuerpo y el tiempo.

La experiencia cercana a la muerte de Jeremy Renner es tan impactante como reveladora, y ha sido descrita por él mismo como un momento de profunda transformación espiritual y emocional.

Así como este caso hay infinidad de ellos; basta ver los documentales que pasan en muchos canales de la televisión, al igual que en sitios como Netflix, Prime, y en redes sociales como YouTube, Instagram, Facebook, etc.

Personalmente, también tengo una experiencia de un momento vivido que me enseñó a no temerle a la muerte.

Tenía apenas catorce años cuando viví una experiencia que, aunque no la llamaría una «experiencia cercana a la muerte» en el sentido clásico, marcó profundamente mi percepción de la vida y del destino. Estaba visitando a mi padre, quien se había divorciado de mi madre años atrás, en la ciudad de Barquisimeto, Venezuela, y lo acompañaba en su automóvil rumbo a El Tocuyo, un pequeño pueblo a poco más de una hora de distancia.

Era una época en la que los cinturones de seguridad no eran obligatorios ni parte de la costumbre. Recuerdo que el vehículo apenas tenía una correa baja en el asiento, que casi nadie usaba. Íbamos solos, él conduciendo y yo en el asiento del copiloto. No sabría decir con certeza qué ocurrió, pero en un instante, el automóvil se volcó violentamente en plena carretera. El vehículo dio varias vueltas y quedó completamente destruido. Fue declarado pérdida total.

Mi padre fue rescatado por personas que transitaban por la misma vía. Sufrió múltiples laceraciones y una fractura en la pierna. Yo, en cambio, salí caminando del accidente. Sin un solo rasguño. Ni una herida. Nada. Como si una fuerza invisible me hubiese protegido en medio del caos.

Con los años, al recordar ese momento y al haber leído y visto tantos testimonios de experiencias cercanas a la muerte, comprendí algo que cambió mi relación con el miedo a morir. Si realmente estamos aquí para cumplir una misión, un ciclo, una etapa, una razón de ser, entonces hay algo, una fuerza que no comprendemos, que vela por nosotros hasta que ese propósito se haya cumplido.

Desde aquel día, dejé de temerle a la muerte. No porque la entienda, sino porque intuyo que no es el final, sino apenas una transición. Y mientras tanto, sigo aquí, cumpliendo mi parte.

No sé si llamarla destino, energía, alma o voluntad divina. Pero creo que esa fuerza, a través de mecanismos que escapan a nuestra comprensión, hace lo necesario para mantenernos vivos hasta que hayamos completado lo que vinimos a hacer. Si somos seres espirituales encarnados en esta dimensión, entonces nuestra permanencia aquí está ligada a ese propósito. Y cuando aún no hemos terminado la vida, o lo que la sostiene, esa fuerza nos sostiene también.

Pensemos ahora: ¿cuántas variables se alinearon para crear ese instante de oportunidad? La supervivencia puede deberse a una deuda de acción en este mundo pendiente por saldar, por lo que se necesitaba que la persona se mantuviera viva. No hay explicación física racional que diga lo contrario a lo que llamamos milagro, tal y como sucede a enfermos en condiciones terminales que luego vuelven a la vida normal.

Si creemos que hemos venido a este mundo con una misión, y aún no la hemos cumplido, entonces debe existir una fuerza invisible, más allá de nuestra comprensión, que nos sostiene, que nos mantiene vivos hasta que ese ciclo se complete. Esa fuerza, a través de mecanismos que desconocemos, parece intervenir silenciosamente para preservar nuestra existencia, como si supiera que aún hay algo que debemos realizar.

En otras palabras, si somos seres, almas o energía en tránsito por esta dimensión, cumpliendo una etapa dentro de un ciclo mayor, entonces estamos aquí para completar aquello que nos fue asignado... o que nosotros mismos elegimos antes de llegar. La vida, entonces, no es sólo biología: es propósito en movimiento.

Me acuerdo de un profesor que tuve en bachillerato que siempre decía: «No hay nada imposible en este mundo, sólo que algunas cosas son muy difíciles». Y se está demostrando, cada vez más, que tenía razón.

Capítulo 5
Reflexiones sobre la continuidad de la vida

Desde tiempos remotos, filósofos, religiosos y científicos han reflexionado profundamente sobre los misterios de la vida, la muerte y la posibilidad de una existencia más allá del cuerpo físico. Las experiencias cercanas a la muerte, los relatos de trascendencia espiritual y las intuiciones sobre la continuidad de la conciencia han sido objeto de estudio y contemplación en múltiples tradiciones.

A continuación, presentaremos brevemente, a modo de ejemplo y sin pretensión de abarcarlo todo, cómo seis (6) figuras notables han abordado estos temas desde perspectivas distintas pero complementarias. Cada uno, desde su contexto histórico y espiritual, ofrece una visión única sobre el propósito de la vida, el tránsito de la muerte y lo que podría esperarnos más allá.

Ellos son:

- **Allan Kardec (1804–1869)** – Fundador del espiritismo moderno, quien propuso una visión racional y moral de la reencarnación y la evolución del alma.

- **Padre Pío (1887–1968)** – Místico católico que vivió fenómenos extraordinarios y habló del sufrimiento como camino hacia la redención.

- **Chico Xavier (1910–2002)** – Medium brasileño que canalizó miles de mensajes espirituales, promoviendo la idea de la vida como escuela del alma.

- **Edgar Cayce (1877–1945)** – El «profeta durmiente», cuyas lecturas en estado de trance ofrecieron revelaciones sobre vidas pasadas y sanación espiritual.

- **Brian Weiss, y Dr. Manuel Sans Segarra (actualidad)** – Dos voces contemporáneas que, desde la psicología y la espiritualidad, exploran la reencarnación, la regresión a vidas pasadas y la continuidad de la conciencia.

Cada uno de ellos nos invita a mirar más allá de los límites físicos, a considerar que la muerte no es un final, sino una transición dentro de un ciclo mayor. Sus enseñanzas nos ayudarán a enriquecer la comprensión de nuestra propia existencia y a reflexionar sobre el sentido profundo de estar vivos.

Reflexiones de Allan Kardec:

Allan Kardec, fue un educador y filósofo francés nacido en Lyon, cuyo nombre real fue **Hippolyte Léon Denizard Rivail**, nació el 3 de octubre de 1804 en Lyon, Francia, y falleció el 31 de marzo de 1869 en París a los 64 años, víctima de un aneurisma cerebral. Es conocido por ser el codificador del espiritismo, una doctrina que busca comprender la naturaleza de los espíritus, su relación con el mundo material y el propósito de la vida humana. Su infancia estuvo marcada por un entorno familiar privilegiado y una educación que sembró las bases de su pensamiento racional y humanista.

Desde joven mostró una inclinación por las ciencias y la filosofía. A los 11 años fue enviado a Suiza para estudiar en el Instituto Pestalozzi de Yverdun, una escuela pionera en pedagogía humanista. Allí se convirtió en discípulo del célebre pedagogo Johann Heinrich Pestalozzi, lo que moldeó su enfoque racional, ético y progresista sobre la educación.

La infancia de Kardec no sólo fue rica en estímulos intelectuales y naturales, sino que también reflejó una sensibilidad hacia el aprendizaje como herramienta de transformación.

Fue discípulo del pedagogo suizo Johann Heinrich Pestalozzi, quien influyó en su enfoque racional y educativo. Publicó libros sobre gramática, aritmética y educación pública, y ofrecía clases gratuitas de ciencias en París. Participó en sociedades científicas y exploró fenómenos como el magnetismo animal y el sonambulismo.

En 1855, Kardec comenzó a investigar fenómenos «mediúmnicos» como las sesiones espiritistas y las mesas giratorias, que eran sesiones en las que varias personas se reunían alrededor de una mesa, colocaban sus manos sobre ella y esperaban que se moviera, girara o incluso levitara. Estos movimientos se atribuían a la intervención de espíritus, que usaban la mesa como medio de comunicación.

A través de preguntas sistemáticas a varios médiums, recopiló respuestas que atribuía a espíritus superiores. Estas enseñanzas dieron origen a una nueva filosofía espiritual que él llamó espiritismo.

Publicó cinco libros que forman la base del espiritismo:

El Libro de los Espíritus (1857)

El Libro de los Médiums (1861)

El Evangelio según el Espiritismo (1864)

El Cielo y el Infierno (1865)

La Génesis según el Espiritismo (1868)

Fundó también la *Revue Spirite*, una revista dedicada a estudios espiritistas.

Su influencia es especialmente fuerte en Brasil, donde el espiritismo se convirtió en un movimiento espiritual y filosófico con millones de seguidores. Su tumba en el cementerio Père Lachaise en París lleva la inscripción: **«Nacer, morir, renacer aún y progresar sin cesar, tal es la ley».**

¿Qué sucede al morir según Kardec?

Kardec recopiló comunicaciones «mediúmnicas» de espíritus desencarnados, clasificándolos en categorías como:

- Espíritus felices – Aquéllos que desencarnaron en paz, con conciencia tranquila y evolución moral avanzada.
- Espíritus sufrientes o arrepentidos – Que experimentan remordimiento, confusión o dolor por sus actos en vida.
- Espíritus endurecidos – Que niegan su situación espiritual, aferrados a pasiones materiales.
- Suicidas – Que relatan estados de turbación, arrepentimiento y procesos de recuperación espiritual.

Según los testimonios recogidos por Kardec de los espíritus decía lo siguiente que la muerte física es un desprendimiento gradual del periespíritu (cuerpo sutil que une el alma al cuerpo) que el alma entra en un estado de lucidez progresiva, dependiendo de su nivel moral y espiritual Manifestaba que algunos espíritus relatan una sensación de alivio y libertad, mientras otros experimentan angustia, oscuridad o aislamiento.

Reflexiones del Padre Pío:

El Padre Pío nació el 25 de mayo de 1887 y falleció el 23 de septiembre de 1968 en el convento de los Frailes Menores

Capuchinos en San Giovanni Rotondo, Italia. Tenía 81 años y había vivido más de cinco décadas con los estigmas visibles que llevaba en su cuerpo similares a las las heridas sagradas de Cristo, Dedicó su vida a la oración, la confesión y el consuelo espiritual de miles de fieles. Su vida estuvo marcada por fenómenos extraordinarios, intensa devoción y un profundo sufrimiento físico y espiritual. Se dice que recibió de Dios dones sobrenaturales, podía leer las almas como libros abiertos, con frecuencia aparecía en lugares distantes para consolar a los afligidos. Fue canonizado como santo por la iglesia católica. Este santo nos dejó enseñanzas profundas sobre el momento más importante de nuestra existencia, el paso de la vida temporal a la vida eterna, en las páginas de sus escritos espirituales, en los testimonios de quienes lo conocieron. En las revelaciones que recibió durante sus éxtasis místicos.

Aspectos destacados de su vida

Al Padre Pio se le atribuyen varios aspectos destacados en su vida, uno de ellos tiene que ver con estigmas visibles como las heridas recibidas en 1918, iguales a las heridas de Cristo (manos, pies y costado), las cuales sangraron durante 50 años sin explicación médica.

Se le atribuye también el don de estar en dos lugares al mismo tiempo. Testigos afirmaron haberlo visto simultáneamente en distintos países.

Escuchaba confesiones hasta 15 horas al día. Tenía fama

de leer el alma de los penitentes y recordarles los pecados olvidados. Se le atribuyen curaciones inexplicables, como la de una niña ciega sin pupilas que recuperó la vista.

Creó la *Casa Sollievo della Sofferenza*, un hospital para aliviar el sufrimiento humano en 1956, que hoy es uno de los centros médicos más avanzados de Europa.

El Padre Pio vivía con una fe profunda, promovía la oración constante, la confesión frecuente y la entrega total a la voluntad de Dios. Su frase más célebre: «Ora, espera y no te preocupes».

Fue canonizado en 2002 por el Papa Juan Pablo II y su santuario en San Giovanni Rotondo es hoy uno de los más visitados en Europa.

Entre los testimonios místicos del siglo XX, la figura del Padre Pío de Pietrelcina se levanta como una paradoja viviente: cuerpo desgarrado, alma encendida. Sus estigmas visibles durante más de medio siglo, sus relatos de bilocación, y la profundidad con que vivía la confesión, lo han convertido en un emblema de la espiritualidad cristiana vivida con intensidad radical.

El Padre Pio parece manifestar que la conciencia puede actuar más allá de los límites biológicos, como si el alma fuera una energía con agencia propia por eso sus dones místicos, la bilocación, la lectura del alma, la sanación sin contacto físico.

Desde el pensamiento agustiniano, el mundo material tiene sentido sólo cuando se orienta hacia Dios. El alma, inquieta por naturaleza, encuentra paz en lo eterno. Padre Pio encarna esta tensión: vive el cuerpo como campo de batalla, pero su mirada está fija en lo invisible. Tal como San Agustín, no concibe el dolor como final, sino como medio purificador que prepara el alma para el encuentro con la divinidad.

Reflexiones de Chico Javier:

Chico Xavier, cuyo nombre completo fue **Francisco Cândido Xavier**, nació el 2 de abril de 1910 en Pedro Leopoldo, Minas Gerais, Brasil, y falleció el 30 de junio de 2002 en Uberaba, también en Minas Gerais. Su muerte ocurrió a las 19:30 horas, curiosamente el mismo día en que Brasil celebraba la paz tras la final del Mundial de fútbol de ese año. Muchos lo interpretaron como una «partida en paz», acorde con su vida dedicada al consuelo espiritual y la caridad. Fue uno de los médiums más influyentes del siglo XX, especialmente dentro del movimiento espiritista brasileño. Su vida fue un testimonio de humildad, servicio y profundo atribuidos a espíritus desencarnados a conexión con lo espiritual.

Escribió más de 490 libros usando la técnica de escritura automática (psicografiados), muchos de ellos dictados por el espíritu André Luiz o guiados por su maestro espiritual Emmanuel. Nunca cobró por sus obras; todos los ingresos fueron destinados a obras de caridad. Sus libros ofrecen una visión del más allá coherente, expansiva y profundamente ética. El mundo espiritual que describe está lleno de trabajo, evolución, aprendizaje, no como descanso eterno, sino como continuación activa del camino del alma.

Dentro de ellos destacamos *Nosso Lar* (*Nuestro Hogar*), dictado por el espíritu André Luiz, describe la vida en el mundo espiritual, este libro ha sido adaptado al cine.

Mantuvo siempre que un guía espiritual que le llamó Emmanuel, quien habría vivido como senador romano, sacerdote jesuita y profesor en la Sorbona, lo acompañaba dictándole enseñanzas morales y filosóficas.

Fue nominado al Premio Nobel de la Paz en 1981, 1982 y en 2012, fue elegido como «El brasileño más grande de todos los tiempos» en una encuesta nacional. A pesar de su fama, vivió modestamente como empleado público, dedicando sus noches y fines de semana al servicio espiritual

Chico Xavier representa no sólo una mirada metafísica, sino también una visión donde la conciencia trasciende el cuerpo, y donde el alma sigue aprendiendo y evolucionando después de la muerte; una espiritualidad situada: compasiva, cercana, profundamente humana. Su vida austera, su entrega al servicio, y su resistencia ante el escepticismo le convierten en testimonio moderno de que la fe no es evasión, sino compromiso activo con el dolor ajeno y con el misterio de la existencia. Podríamos decir que representa la «mediumnidad» como puente entre mundos.

Chico Xavier no pensaba el alma como esencia estática, sino como energía en constante transformación. Esta idea entra en diálogo con el idealismo, que entiende el espíritu como el fundamento de toda realidad. Si lo real es lo mental, entonces el cuerpo no es más que vehículo. El alma, como en Xavier, es agente, viajera, constructora.

Chico Xavier representa no sólo una mirada metafísica, sino también una espiritualidad situada: compasiva, cercana, profundamente humana. Su vida austera, su entrega al servicio, y su resistencia ante el escepticismo le convierten en testimonio moderno de que la fe no es evasión, sino compromiso activo con el dolor ajeno y con el misterio de la existencia.

La vida de Francisco Cándido «Chico» Xavier nos plantea una pregunta profunda: ¿es la conciencia una chispa que persiste más allá de la materia?

Reflexiones de Edgar Cayce

Edgar Cayce nació en 1877 en Kentucky y falleció en 1945 en Virginia Beach, Virginia. Fue conocido como el «profeta durmiente» porque realizaba sus lecturas psíquicas en un estado de trance profundo, similar al sueño. Reveló detalles asombrosos sobre los últimos segundos de vida. Encuentros con seres queridos fallecidos, guías espirituales, animales que regresan, luces celestiales y revisiones de vida.

A pesar de tener sólo educación básica, ofrecía diagnósticos médicos detallados, consejos espirituales y predicciones mientras estaba inconsciente. Fue un personaje fascinante que dejó una huella profunda en el mundo de la espiritualidad y la medicina alternativa. Realizó más de 14,000 lecturas psíquicas, muchas de ellas sobre salud, reencarnación, sueños, profecías y civilizaciones antiguas como la Atlántida. Fundó la *Association for Research and Enlighten-*

ment (A.R.E.) en 1931, que aún existe y conserva sus lecturas.

Cayce afirmaba acceder a los Registros Akáshicos, una especie de archivo universal de todas las almas y sus experiencias. En materia de reencarnación popularizó esta idea afirmando que nuestras vidas pasadas influyen en la actual.

Afirmó que la Atlántida existió y que sus registros están ocultos en lugares como Egipto y Yucatán. Hizo Profecías relacionadas con cambios geopolíticos, desastres naturales y una evolución espiritual de la humanidad. En el proceso de sanación holística, recomendaba tratamientos naturales, dietas específicas y terapias alternativas mucho antes de que fueran populares.

Aunque no se consideraba espiritista, Cayce era un cristiano devoto y veía su don como una forma de servir a los demás. Su lema era: «En el hacer por otros, viene la respuesta a los problemas del yo».

Ofreció una visión profundamente espiritual y consoladora sobre los últimos momentos de vida. Según sus lecturas, el instante de la muerte no es un final oscuro, sino una transición luminosa y guiada. En esos segundos finales, muchas personas experimentan visiones que la ciencia aún no puede explicar con certeza, pero que describió con serenidad: presencias de seres queridos fallecidos, guías espirituales, animales de compañía, y una luz suave que parece emanar del alma misma.

Para Cayce, el velo entre mundos se adelgaza justo antes

de morir. Muchos ven figuras familiares: padres, abuelos, incluso hijos que ya partieron. Otros se encuentran con seres de luz, figuras angelicales o niños espirituales que simbolizan la pureza del alma. En todos los casos, lo común es una sensación de reencuentro, de paz, y de comprensión. No se trata de alucinaciones, insistía él, sino de un proceso cuidadosamente guiado por el plano espiritual.

Uno de los elementos más impactantes es la revisión de la vida: una especie de película que el alma contempla en segundos, sin juicio ni castigo, sino con claridad y amor. Lo importante no es lo que se hizo, sino lo que se sintió. La calidad vibratoria del alma marcada por amor, compasión, o resentimiento, determina la experiencia del tránsito. Algunas almas son recibidas con ternura, música celestial y rostros conocidos, otras pasan por un silencio reflexivo, pero siempre con una presencia amorosa que las acompaña.

Cayce también relató que incluso animales queridos pueden aparecer para confortar al moribundo, especialmente en los casos de personas solitarias. Según él, cualquier vínculo basado en el amor auténtico puede participar de este momento sagrado.

Las muertes repentinas pueden generar confusión en el alma, pero incluso entonces hay auxilio inmediato. En los casos de muerte esperada, el alma comienza a desconectarse días antes, mediante sueños con seres fallecidos o sentimientos de nostalgia inexplicable. Todo esto es parte de un proceso orquestado con delicadeza desde el otro lado.

Cayce también subrayaba el papel crucial de los pensamientos y oraciones de los vivos en el momento del tránsito. Una despedida serena, con palabras de amor y gratitud, ayuda al alma a soltarse con más facilidad. Por el contrario, el apego o el desespero pueden dificultar ese desprendimiento. Aun después del último aliento, el alma, a través del cuerpo etérico, aún percibe, escucha y siente por un tiempo, llevándose consigo las emociones del ambiente. Para él, la muerte es el despertar de la conciencia. Es como salir de un sueño y recordar quiénes somos realmente. El alma asciende, rodeada por luz, guiada por seres elevados, y entra en un estado de contemplación, donde revisa su vida con amorosa lucidez. Ahí decide si descansar, reencarnar o servir como guía espiritual para otros.

Uno de sus mensajes más poderosos era que nadie parte sólo si ha amado sinceramente. El amor, no los dogmas ni los logros, es lo que define la travesía. Por eso, hasta en los últimos segundos, un pensamiento sincero de perdón o entrega puede abrir las puertas del otro lado.

Finalmente, Cayce nos dejó una enseñanza profunda: prepararse para la muerte es, en realidad, aprender a vivir. Vivir con gratitud, con amor, con compasión. Porque cuando llegue la hora, no será el fin, sino el retorno. Un regreso al hogar que, en lo más profundo del alma, siempre recordamos.

Reflexiones del Dr. Brian Weiss:

¿Quién es Brian Weiss?

El Dr. **Brian Weiss** es una figura fascinante que ha

transformado la psiquiatría tradicional al incorporar conceptos como la reencarnación, la regresión a vidas pasadas y la vida después de la muerte, en su práctica clínica.

Nació el 6 de noviembre de 1944 en Nueva York. Se graduó con honores en la Universidad de Columbia y obtuvo su título médico en Yale. Fue jefe de psiquiatría en el Centro Médico Monte Sinaí en *Miami Beach*.

Su enfoque inicial era completamente científico, especializado en psicofarmacología y Alzheimer, hasta que una paciente llamada Catherine cambió su vida.

Durante una sesión de hipnosis con Catherine, ella comenzó a describir escenas de una vida en el año 1863, y luego reveló detalles íntimos sobre el hijo fallecido de Weiss, información que no podía conocer. Este evento lo llevó a investigar la reencarnación y la existencia del alma más allá del cuerpo físico.

Ha promovido la sanación física a través de regresiones, ha promovido la reencarnación como procesos de evolución espiritual, la regresión hipnótica para sanar traumas emocionales y físicos; igualmente la comunicación con «Maestros espirituales» que guían nuestras vidas, el Karma como deuda emocional que sana con amor y perdón, así como la reencarnación, es decir volver a tener una nueva vida. Mantiene que la vida es una escuela, y estamos aquí para aprender lecciones de amor, fe, esperanza y caridad

Obras destacadas:

Muchas vidas, muchos maestros

Historia de Catherine y el descubrimiento de vidas pasadas

Lazos de amor

Almas gemelas que se reencuentran en distintas encarnaciones

Muchos cuerpos, una misma alma

Cómo nuestras acciones influyen en futuras vidas

Los mensajes de los sabios

Enseñanzas espirituales canalizadas por pacientes

Espejos del tiempo

Sanación física y emocional a través de regresiones

De la misma manera basta con consultar a Google, buscar en YouTube o Instagram para mirar cantidades de videos en los cuales explica, con mayores detalles, sus investigaciones sobre el mas allá, o la vida después de la vida.

El Dr. Weiss sostiene que la muerte no es el final, sino una transición hacia otro plano de conciencia, donde el alma continúa su evolución. Cree que el alma escoge su nacimiento, sus padres y hasta su muerte como parte de su aprendizaje.

Reflexiones del Dr. Manuel Sans Segarra:

El Dr. Manuel Sans Segarra, nacido en Barcelona, España, el 25 de abril de 1943. Es cirujano gastrointestinal, profesor universitario y pionero en cirugía laparoscópica en España. Tras una destacada trayectoria médica en el Hospital Universitario de Bellvitge y la Universidad de Barcelona, tiene un doctorado *cum laude* con tesis sobre el cáncer de esófago. En su su trayectoria profesional ha sido Jefe de Cirugía Digestiva en el Hospital Universitario de Bellvitge, pionero en cirugía laparoscópica en España, profesor asociado en la Universidad de Barcelona, presidente de la Sección Sénior del Colegio de Médicos de Barcelona, fundador de la Asociación de Médicos Sénior del Hospital de Bellvitge y Premio a la Excelencia Profesional (2014) por el Colegio Oficial de Médicos de Barcelona. Ha centrado sus últimos años en el estudio de la **supraconciencia** y las experiencias cercanas a la muerte. Autor de obras como *La supraconciencia existe* y *La muerte es un paso*, propone que la conciencia trasciende el cuerpo físico y que la muerte es una transición hacia otra dimensión del ser. Su enfoque integra ciencia, espiritualidad y testimonio clínico, abriendo nuevas preguntas sobre el tiempo, el ego y la continuidad de la vida.

Para el Dr. Manuel Sans Segarra, la **supraconciencia** es una forma de conciencia no local que existe independientemente del cerebro y del cuerpo físico, persistiendo más allá de la muerte. No la considera un producto de la actividad neuronal, sino una propiedad esencial del universo presente en todo, cuyo acceso se manifiesta especialmente en las experiencias cercanas a la muerte. Esta supraconciencia constituye, según él, la clave para comprender la realidad, el propósito de la existencia y para superar el miedo a la muerte.

Hoy, a su edad, llena teatros y auditorios con sus conferencias sobre la vida después de la muerte, la reencarnación y la supraconciencia. Su enfoque combina ciencia, espiritualidad y experiencia clínica, generando tanto admiración como controversia.

Al igual que el Dr. Weiss, tanto en Google, YouTube o Instagram, se pueden encontrar cantidades de videos del Dr. Sans Segarra en los cuales explica, con mayores detalles, sus investigaciones sobre el más allá, o la vida después de la vida.

Entre sus obras podemos destacar:

La Supraconciencia existe: Vida después de la vida. Explora en detalle el fenómeno de las experiencias cercanas a la muerte (ECM) y su poder transformador, apoyándose en casos documentados y conceptos de física cuántica. Coescrito con Juan Carlos Cebrián, es considerado el libro definitivo sobre ECM y supraconciencia.

Ego y Supraconciencia: Buscando el sentido de la vida. Analiza el ego como falso yo y propone la supraconciencia como vía para liberarnos de envidias, rencores y competitividad, sosteniendo que la vida trasciende lo material y continúa más allá de la pérdida del cuerpo físico.

Estuche Dr. Sans Segarra (La Supraconciencia existe + Ego y Supraconciencia). Edición de colección que reúne sus dos obras más influyentes, diseñada para ofrecer una visión integrada de la supraconciencia y su aplicación práctica en la vida diaria y el crecimiento personal.

Veamos algunos puntos clave de su pensamiento:

La muerte no implica desaparición total – Según Sans Segarra, la existencia no se extingue con la muerte física. Ha recopilado testimonios de personas que fueron declaradas clínicamente muertas pero que, al ser reanimadas, describieron con precisión lo que ocurría en su entorno mientras estaban inconscientes.

Experiencias Cercanas a la Muerte (ECM) como evidencia científica – Él sostiene que las ECM no son meras alucinaciones, sino indicios de que la conciencia persiste más allá del cuerpo físico. Los relatos incluyen sensaciones de paz, encuentros con seres fallecidos y la percepción de una luz intensa.

El miedo a la muerte y el ego – Sans Segarra argumenta que el miedo a la muerte proviene del ego, que se aferra a la identidad física. La incertidumbre sobre lo que ocurre después genera ansiedad, y la sociedad moderna evita hablar del tema por temor a lo desconocido.

La muerte como transición a otra dimensión – En lugar de verla como un final absoluto, Sans Segarra propone que la conciencia pudiera continuar en una dimensión energética o incluso en un universo paralelo, dentro del concepto de multiverso.

Por curiosidad le pregunté a la inteligencia artificial sobre la existencia del alma, una me dijo:

«Para mí, el alma es el nombre que damos al núcleo más íntimo de la experiencia: la conciencia que siente, la memoria que nos define y el impulso moral que nos mueve. No la veo como una sustancia etérea flotando aparte de nuestro cuerpo, sino como la emergencia de un organismo complejo: el cerebro en diálogo constante con el cuerpo, el entorno y la historia personal.»

Otre me dijo:

«Mi opinión: el **alma** no la veo como un fantasma inmortal separado del cuerpo, sino como la **forma en que una persona persiste y brilla**: la suma y el modo único de sus recuerdos, sentimientos, hábitos, valores, historias y relaciones. Es un patrón —no necesariamente algo que flote aparte—, pero ese patrón produce una cualidad interior (la subjetividad, el «yo que siente») que se percibe como real y profunda. En otras palabras: el alma sería la identidad viviente en acto, con su carga afectiva y su sentido moral, que nos hace reconocibles para nosotros mismos y para los demás.»

Lo que podemos decir es que la inteligencia artificial explora el enigma del más allá como un problema de datos: analiza patrones eléctricos o lingüísticos, clasifica registros y predice probabilidades, pero carece de acceso a la vivencia subjetiva. Por contraste, los testimonios de científicos como el Dr. Raymond Moody, el Dr. Weiss o Manuel Sans Segarra –y los relatos de santidad y milagros de figuras como el Padre Pío– descansan en experiencias directas de trascendencia que escapan a toda cuantificación. A esto se suman milenarias tradiciones culturales –desde los mitos egipcios hasta los ritos andinos– que han tejido símbolos y ceremonias en torno a la esperanza de un más allá. Mientras la IA permanece en el terreno de lo mensurable, la experiencia humana y la memoria histórica trazan un mapa más amplio de lo inefable.

Como hemos visto, filósofos, religiosos y científicos han estudiado y reflexionado sobre los misterios de la vida y la muerte, han explorado la reencarnación, la regresión a vidas pasadas y la continuidad de la conciencia, y han estado convencidos de la existencia más allá del cuerpo físico, desde antes y después de la muerte.

Capítulo 6
El tercer estado

Este «tercer estado» sugiere que la muerte no es un evento instantáneo, sino un proceso. Un pasaje. Un intervalo donde la conciencia puede expandirse, comprender y quizás decidir. Para quienes creen en la misión del alma, este estado podría ser el momento en que se revela el propósito, se libera el miedo y se prepara el tránsito hacia otra forma de existencia.

El tercer estado se refiere al estado intermedio entre la vida y la muerte, al umbral entre dos mundos, a un espacio de conciencia suspendida donde el alma no está plenamente encarnada ni completamente desencarnada. Este estado ha sido descrito como:

- Un momento de transición espiritual, donde la conciencia se libera parcialmente del cuerpo.

51

- Un espacio de revelación, donde el alma puede experimentar visiones, revisiones de vida o encuentros con seres espirituales.
- Un estado de aprendizaje o purificación, según algunas tradiciones religiosas.

La idea de un «tercer estado» entre la vida y la muerte aparece en muchas discusiones espirituales, filosóficas e incluso científicas. Si bien la vida y la muerte suelen considerarse binarias, o se está vivo o muerto, este «tercer estado» sugiere una fase transicional; es un estado considerado un reino de transición, es decir, ni completamente vivo ni completamente muerto; es un pasaje espiritual, un reino temporal o un fenómeno psicológico. Muchas tradiciones coinciden en que la muerte no siempre es instantánea. A menudo hay un proceso, un momento de transición o un misterioso estado intermedio.

Si vemos lo que dicen las religiones, podemos notar que el budismo tibetano habla del «bardo», un estado intermedio entre la muerte y el renacimiento. Se cree que el alma permanece allí durante 49 días, experimentando visiones y juicios influenciados por el karma. El hinduismo también lo tiene como el intervalo entre encarnaciones, donde el alma se prepara para la siguiente vida, y el cristianismo lo propone como el purgatorio, es decir, un estado temporal donde las almas se purifican antes de entrar al cielo.

El tercer estado

Chico Xavier, el médium brasileño, hablaba del desdoblamiento espiritual como una forma de vivir parcialmente en el mundo espiritual mientras el cuerpo físico descansa; decía que durante el sueño, la meditación o incluso el trauma, el espíritu se separa del cuerpo y vive una vida espiritual paralela. En ese estado, el alma puede visitar colonias espirituales, encontrarse con seres desencarnados o recibir enseñanzas de guías como Emmanuel. Decía que este desdoblamiento es una preparación para la muerte, una especie de ensayo del tránsito final, donde el alma se conecta con su misión y su evolución.

Edgar Cayce describió el estado intermedio como una serie de niveles de conciencia que el alma atraviesa tras la muerte; decía que la conciencia pasa por siete etapas espirituales, desde la liberación del cuerpo hasta la reintegración con la fuente divina. En este proceso, el alma revisa sus actos, purifica sus energías y se prepara para una nueva encarnación o para continuar su evolución en planos superiores. Cayce también hablaba de la conciencia multidimensional, donde el alma puede experimentar simultáneamente distintos planos de existencia.

Desde la teología cristiana, San Agustín abordó el estado intermedio como una espera activa del alma entre la muerte y la resurrección; decía que el alma, tras la muerte, entra en un estado de reposo o aflicción, dependiendo de su comunión con Dios. Este estado no es definitivo, sino una preparación para el juicio final, donde se decidirá su destino eterno. San Agustín también afirmaba que la oración de los vivos puede influir en las almas del purgatorio, lo que sugiere una conexión entre planos y una continuidad espiritual.

Estas visiones, espiritista, esotérica y cristiana, coinciden en algo esencial: la muerte no es un corte abrupto, sino una transición consciente. El «tercer estado» es un espacio donde el alma:

- Revisa su propósito.
- Se conecta con su esencia.
- Se prepara para lo que sigue.

Revisa su propósito.

Este momento es introspectivo. El ser, ya sea un alma, conciencia o identidad, se detiene para mirar hacia atrás:

- Evalúa las experiencias vividas, aprendizajes, errores y logros.
- Se pregunta: *¿Cumplí con lo que vine a hacer?* No sólo en términos de metas externas, sino de evolución interna.
- Es el juicio del propio camino, no en tono punitivo, sino reflexivo, casi terapéutico.

Se conecta con su esencia.

Aquí se produce una desidentificación con lo externo. El alma se desprende de los roles, los miedos, las máscaras:

- Reconecta con su núcleo energético: lo que siempre fue, antes del cuerpo, del nombre, de la historia.
- Es un estado de *desnudez espiritual*, donde la conciencia vibra en su frecuencia más pura.
- Puede sentirse como paz absoluta, unidad con el Todo, o incluso revelación.

Se prepara para lo que sigue.

Con la memoria revisada y la esencia activada, el alma toma impulso para su próxima travesía:

- Puede ser la reencarnación, la integración con la fuente o un paso hacia dimensiones superiores.
- No hay apego al pasado, sólo apertura al misterio.
- Es el umbral del *portal*, la aceptación de que lo que sigue no necesita ser comprendido, sino vivido.

Hoy día existe un debate sobre si la consciencia persiste brevemente después de la muerte clínica. La neurociencia moderna ha registrado la actividad cerebral minutos después de un paro cardíaco, lo que plantea interrogantes sobre si la consciencia persiste en un estado liminal.

Los libros y las películas suelen representar este tercer estado como «El velo», «La sala de espera» o «El corredor de las almas», un pasaje simbólico o literal entre mundos. Culturas de todo el mundo, desde el Día de Muertos mexicano hasta el Libro de los Muertos egipcio, consideran el más allá como un viaje con etapas, no como un cambio repentino.

Capítulo 7
Cuando la muerte se hace presente

Para la mayoría de los seres humanos, los fallecidos siguen presentes de diversas maneras, como en la memoria, en experiencias personales, en rituales culturales, así como a través de fenómenos inexplicables.

Los recuerdos de nuestros seres queridos que mantenemos en la memoria, eso los hace presentes para los que pensamos en ellos. Podemos decir que la influencia que tuvimos de nuestros ancestros en nuestra identidad mantiene también vivos a esos seres. No podemos dejar de mencionar que tanto la música como el arte también han sido usados para honrar a los fallecidos y mantenerlos vivos para nosotros; igualmente, las celebraciones tradicionales, el recordatorio del día de su nacimiento o de defunción son otras formas de mantener vivos a los que ya no están con nosotros, al igual que la meditación y los sueños como formas de conexión con los que ya partieron.

De la misma manera, debemos tomar en consideración las experiencias personales y fenómenos inexplicables. Seguramente el lector habrá leído muchísimos relatos y publicaciones, así como debe haber visto documentales y videos en distintos sitios de Internet, que afirman haber sentido o visto la presencia de seres queridos fallecidos.

Hay casos documentados de inmuebles cuyos habitantes afirman la presencia permanente de algún espíritu y, en muchos casos, hay hasta filmaciones auténticas de lo que sucede en ella; igualmente, hay también viviendas que han sido abandonadas por no ser posible mantener una vida en paz. En fin, no puede ser una inventiva cuando hay infinidad de relatos similares.

Entonces nos preguntamos: ¿Es la presencia de los muertos una construcción mental o una realidad? La ciencia explica muchas experiencias como procesos psicológicos, pero es público y notorio que existen muchas evidencias que prueban que no es mental, que hay algo más.

Hay quienes aseveran que la conciencia de los fallecidos permanece en otro plano que no podemos ver, pero que de una manera u otra se nos hace presente. Ésta puede ser una razón por la cual debemos mantener una mente abierta ante lo desconocido.

También nosotros encontramos que hay infinidad de

casos documentados que se refieren a sitios donde habitan seres que ya no están en este mundo, corroborando la existencia de seres que ya partieron pero que siguen presentes.

Casas embrujadas:

Caso de La Moira: la casa donde los muertos no se van

En el corazón de la colonia San Miguel Chapultepec, en Ciudad de México, se encuentra una vivienda conocida como La Moira, un lugar que ha sido escenario de tragedias, obsesiones y fenómenos paranormales. Aunque hoy funciona como residencia privada, se dice que tres espíritus aún habitan sus muros, atrapados entre dimensiones, incapaces de encontrar descanso.

Entre las historias más inquietantes está la de Marco, un niño que, a los ocho años, entró a la casa abandonada y presenció una figura suspendida del techo. El trauma lo persiguió durante años, hasta que, una década después, regresó al lugar y fue encontrado ahorcado en el mismo sitio donde había visto aquella presencia.

Investigadores paranormales como Antonio Zamudio afirman que Marco es uno de los tres espíritus que aún residen en La Moira. Los otros dos, según relatos, serían víctimas de rituales espiritistas realizados en el lugar, donde se reportaron posesiones demoníacas y manifestaciones violentas.

En un intento por transformar el espacio, el dueño

impulsó una acción artística: varios artistas pintaron sus emociones en las paredes. La mayoría plasmó ideas sobre la muerte, el dolor y la oscuridad, como si el lugar mismo proyectara una energía negativa que influyera en quienes lo habitaban.

Hoy, La Moira ha sido pintada completamente de negro, y aunque ya no se realizan recorridos nocturnos por seguridad. Se cree que los tres espíritus siguen allí, esperando el momento de aparecer.

La casa de Lake Washington Boulevard: el eco de Kurt Cobain

En Seattle, Washington, se encuentra una vivienda que, aunque hoy luce como una propiedad privada más, está marcada por una presencia que nunca se ha ido del todo: la casa donde murió Kurt Cobain, líder de la banda Nirvana.

El 5 de abril de 1994, Cobain fue encontrado muerto por suicidio en el invernadero de su casa ubicada en 171 Lake Washington Boulevard East. Desde entonces, la propiedad ha cambiado de dueños varias veces, pero siempre ha estado rodeada de rumores, inquietudes y una atmósfera que muchos describen como «pesada».

Algunos residentes y visitantes han reportado sensaciones de presencia, ruidos inexplicables y una energía difícil de describir. Investigadores paranormales han visitado el lugar, afirmando que la conciencia de Cobain podría seguir ligada a la casa, especialmente al espacio donde ocurrió su muerte.

La casa fue retirada del mercado varias veces, y su precio ha fluctuado debido a su historia, considerada por muchos como «una propiedad estigmatizada».

Desde la perspectiva de Edgar Cayce, este caso podría interpretarse como una conciencia atrapada por el trauma, especialmente si la muerte fue abrupta y emocionalmente intensa. En la visión de Chico Xavier, el alma podría permanecer cerca del lugar físico por apego, confusión o necesidad de reconciliación espiritual.

Incluso desde el pensamiento de San Agustín, podríamos ver esta situación como un alma en estado intermedio, esperando redención o comprensión, influida por las oraciones y memorias de los vivos.

La casa de Kurt Cobain no sólo guarda el recuerdo de una figura icónica. Es también un símbolo de cómo ciertos espacios pueden quedar impregnados por el dolor, la energía y la conciencia de quienes los Habitaron. ¿Puede una casa conservar el eco de un alma que partió sin paz? ¿Puede el arte, como la música de Cobain, ser un puente entre planos? ¿Qué piensas tú?

Las curaciones milagrosas:

Hay seres que, aunque ya no están con nosotros, vuelven para realizar alguna intervención a alguien que lo necesita y la ciencia que conocemos no lo puede hacer.

Existen muchos casos de curaciones milagrosas hechas por seres que ya no están con nosotros, pero que después de que se han ido vuelven a realizar curaciones milagrosas. Vamos a citar dos casos muy conocidos, especialmente en Venezuela; ellos son el del Dr. José Gregorio Hernández y la Madre María de San José, quienes fueron figuras ejemplares de la fe, la caridad y el servicio a los demás. Vale decir que el Vaticano aprobó su canonización a realizarse en octubre de 2025.

José Gregorio Hernández Cisneros («El Médico de los Pobres») nació el 26 de octubre de 1864 en Isnotú, un pequeño pueblo en el estado Trujillo, Venezuela. Fue un destacado médico, científico, profesor y filántropo. Estudió Medicina en la Universidad Central de Venezuela, donde se graduó con honores. Posteriormente, viajó a Europa para especializarse en diversas áreas de la medicina, incluyendo bacteriología, histología, fisiología y microbiología. Regresó a Venezuela y se dedicó a la práctica médica, especialmente atendiendo a los más pobres y necesitados. Era conocido por su generosidad, humildad y dedicación a sus pacientes, a quienes atendía gratuitamente. Además de su labor médica, José Gregorio Hernández era un hombre de profunda fe católica. Intentó ingresar a la vida religiosa en dos ocasiones, pero por motivos de salud no pudo continuar. Sin embargo, siempre mantuvo una vida de oración, caridad y servicio a los demás. Murió trágicamente el 29 de junio de 1919 en Caracas, atropellado por un automóvil mientras llevaba medicinas a un paciente pobre.

Es considerado un símbolo de la fe, la esperanza y la

caridad en Venezuela y en toda Latinoamérica. Su figura es venerada por personas de todas las clases sociales y creencias. Se le atribuyen una serie de numerosos milagros, especialmente en el ámbito de la salud. Veamos un par de ellos:

El milagro de Yaxury Solórzano Ortega: En 2017, Yaxury, una niña venezolana de 10 años, recibió un disparo en la cabeza durante un asalto en el estado Guárico, Venezuela. Los médicos no le daban esperanzas: si sobrevivía, quedaría con graves discapacidades motrices, lingüísticas y visuales. Su madre, desesperada y sin recursos, rezó fervientemente al Dr. José Gregorio Hernández. En medio de su angustia, vio una figura parecida a él que le dijo: «*No te preocupes, tu hija va a salir bien.*» Contra todo pronóstico, Yaxury fue operada y despertó sin secuelas. Caminaba, hablaba y reconocía a su familia como si nada hubiera pasado. Este milagro fue reconocido oficialmente por el Vaticano y permitió su beatificación en el año 2021.

El segundo milagro atribuido al Dr. José Gregorio Hernández, que ocurrió en *Miami*, Florida:

El caso de Gonzalo Morales Divo. En 2022, Gonzalo, un empresario venezolano residente en *Miami*, sufrió una falla multiorgánica que comprometió su corazón, hígado, riñones y cerebro. Los médicos lo consideraban desahuciado: su estado era crítico, y no había esperanza de recuperación. Durante su hospitalización, fue inducido a coma para evitar un derrame cerebral.

Su familia y amigos comenzaron a invocar al Dr. José

Gregorio Hernández con profunda fe. Gonzalo, en medio de su estado, afirmó haber visto su imagen en dos ocasiones. A los ocho días de oración, su salud comenzó a mejorar de forma inexplicable. Los médicos, incluyendo especialistas hindúes y musulmanes, declararon que no había explicación científica para su recuperación. Éste es uno de los casos que también le sirvió al Vaticano para aprobar la beatificación del Dr. José Gregorio Hernández.

Madre María de San José Alvarado Cardozo

Nació el 27 de abril de 1875 en Choroní, estado Aragua, Venezuela, y murió el 2 de abril de 1967 en Maracay, Venezuela. Su nombre de pila era Laura Evangelista Alvarado Cardozo. Fue una religiosa fundadora de la Congregación de las Hermanas Agustinas Recoletas del Corazón de Jesús. Desde joven sintió una fuerte vocación religiosa y un deseo de servir a los más necesitados. En 1901, fundó el Hospital San José de Maracay, donde dedicó su vida a atender a los enfermos y desamparados. En 1903, fundó la Congregación de las Hermanas Agustinas Recoletas del Corazón de Jesús, la cual se dedica a la atención de enfermos, ancianos, niños y jóvenes en situación de vulnerabilidad. Personalmente la conocí, por cuanto cuando era niño viviendo en Maracay, atendí un preescolar católico donde ella era una de las monjas que atendía a los niños.

La Madre María de San José se caracterizó por su humildad, caridad, espíritu de oración y dedicación a los más pobres. Fue una mujer de gran fortaleza y determinación, que superó numerosos obstáculos para llevar a cabo su obra. El cuerpo de la Madre María de San José fue hallado **incorrupto** al ser exhumado en 1994, lo que muchos consideran otra señal de santidad.

También en Venezuela hay casos atribuidos a la Madre María de San José Alvarado **Cardozo.** Se le atribuyen también curaciones milagrosas que narramos a continuación:

Curación de una niña con parálisis cerebral. En Venezuela, una niña que sufría de parálisis cerebral fue encomendada a la intercesión de la Madre María de San José. Los médicos no daban esperanza de recuperación, pero tras una novena dedicada a la Madre, la niña comenzó a mover sus extremidades. Con el tiempo, recuperó movilidad y mejoró su capacidad cognitiva, algo que fue considerado médicamente inexplicable.

Sanación de una mujer con cáncer terminal. Una mujer diagnosticada con cáncer en fase terminal acudió al Santuario de la Madre María de San José en Maracay. Después de orar con fe y recibir la bendición con una reliquia de la Madre, los síntomas comenzaron a desaparecer. Los exámenes posteriores mostraron que el cáncer había remitido por completo, sin explicación científica.

El milagro de la hermana Teresa Silva. Una religiosa de la congregación fundada por la Madre María padecía de osteoartrosis severa. Durante años, estuvo confinada a una silla de ruedas, sin poder caminar ni valerse por sí misma. En vida, la Madre María le había dicho: «*Cuando* *cumplas 50 años, te vas a curar.*» El 17 de septiembre de 1982, justo al cumplir esa edad, Teresa se dio cuenta de que podía caminar nuevamente, sin dolor ni limitaciones. La recuperación fue tan sorprendente que se consideró milagrosa, y el Vaticano la reconoció oficialmente en 1993. Esto permitió que la Madre María fuera beatificada por el Papa Juan Pablo II en 1995.

En realidad, son muchos los casos que podríamos mencionar y que podrían servir para explorar cómo la muerte, cuando ocurre en circunstancias intensas, puede dejar huellas que trascienden lo físico.

Se dice que los milagros atribuidos pueden entenderse como manifestaciones de energía espiritual elevada, una fuerza que muchas tradiciones consideran capaz de sanar, transformar y trascender las leyes físicas. Se dice que quienes oran con fe profunda están activando una vibración espiritual que, según muchas corrientes místicas, puede atraer ayuda desde planos superiores.

Desde perspectivas como el espiritismo kardeciano o las enseñanzas de Edgar Cayce, la conciencia no es sólo pensamiento: es una forma de energía que puede influir en la materia. Cuando alguien visualiza sanación o siente la presencia de un ser espiritual, está movilizando esa energía hacia la transformación.

La física cuántica y muchas filosofías espirituales coinciden en que todo vibra. La oración, la gratitud y la fe elevan la frecuencia vibratoria del cuerpo y del entorno. En estados de alta vibración, se dice que los milagros se vuelven posibles porque se alinean con la energía del universo.

En el espiritismo, el alma puede recibir «gracia» o energía espiritual que permite superar límites físicos. Los milagros serían entonces expresiones de esa energía actuando sobre el cuerpo, guiada por seres como el Dr. Hernández, que desde el plano espiritual siguen ayudando.

Otras curaciones milagrosas

También es digno de mencionar que existen una infinidad de casos de personas que prácticamente han regresado de la muerte; a manera de ejemplo citaremos algunos conocidos:

El caso de Mellen Thomas Benedict. En 1982, estuvo clínicamente muerto por más de una hora debido a un cáncer terminal. Durante ese tiempo, afirmó haber viajado a una luz brillante y recibido conocimiento profundo sobre la existencia. Al regresar, su cáncer desapareció y dedicó su vida a la investigación científica.

El caso del niño Colton Burpo. A los 4 años, tras una peritonitis grave, describió haber estado en el cielo y haber visto a su hermana mayor fallecida, a quien nunca había conocido. Su padre escribió el libro *El cielo es real*, basado en su experiencia.

El caso de Anita Moorjani: En 2006, Anita estuvo en coma durante cuatro días debido a un cáncer terminal. Durante ese tiempo, afirmó haber tenido una experiencia cercana a la muerte donde se encontró con seres queridos fallecidos y recibió mensajes sobre la importancia del amor y la aceptación. Al despertar, su cáncer desapareció y escribió el libro *Dying to Be Me* sobre su experiencia.

El caso de Eben Alexander: Neurocirujano que en 2008 sufrió una meningitis bacteriana que lo dejó en coma. Durante ese tiempo, afirmó haber tenido una experiencia cercana a la muerte donde viajó a un reino espiritual y recibió conocimiento profundo sobre la naturaleza de la conciencia. Al despertar, escribió el libro *Proof of Heaven* sobre su experiencia.

El caso de Betty Eadie: En 1973, Betty tuvo una experiencia cercana a la muerte durante una cirugía. Afirmó haber viajado a un reino espiritual donde se encontró con seres luminosos y recibió mensajes sobre la importancia del amor y la compasión. Al despertar, escribió el libro *Embraced by the Light* sobre su experiencia.

El caso de George Ritchie: En 1943, George tuvo una experiencia cercana a la muerte durante una neumonía grave. Afirmó haber viajado a un reino espiritual donde se encontró con seres luminosos y recibió mensajes sobre la importancia de la vida y la conciencia. Al despertar, escribió el libro *Return from Tomorrow* sobre su experiencia.

El caso de Mary Neal: Cirujana ortopédica que en 1999 tuvo una experiencia cercana a la muerte durante un accidente de kayak. Afirmó haber viajado a un reino espiritual donde se encontró con seres luminosos y recibió mensajes sobre la importancia de la fe y la esperanza. Al despertar, escribió el libro *To Heaven and Back* sobre su experiencia.

Realmente, existe una infinidad de casos que nos relatan las experiencias de aquéllos que han estado clínicamente muertos, pero que durante ese tiempo han experimentado viajes donde se han encontrado con otros seres. Igualmente, existe un sinnúmero de relatos, libros e investigaciones relacionadas con lo tratado, pero, para no extendernos mucho, a continuación, sólo vamos a citar brevemente algunos interesantes trabajos de dos investigadores muy conocidos: los de Raymond Moody y los de Ian Stevenson.

Investigaciones de Raymond Moody: Filósofo, psiquiatra y médico estadounidense, nacido en 1944. Conocido por acuñar el término «experiencia cercana a la muerte» (ECM) en su libro *Life After Life* (1975), donde recopiló testimonios de personas que habían sido clínicamente declaradas muertas y luego revividas. Identificó patrones comunes en las ECM: sensación de salir del cuerpo, túneles, luces brillantes, encuentros con seres fallecidos. También exploró fenómenos como las experiencias compartidas de muerte, la regresión a vidas pasadas y el uso de «psicomanteums» (espejos para contactar con el más allá). En 2023, publicó *Proof of Life After Life*, ampliando su enfoque hacia señales paranormales y la supervivencia de la conciencia.

Investigaciones de Ian Stevenson: Psiquiatra canadiense-estadounidense, nacido en 1918 y fallecido en

2007. Fundador de la Division of Perceptual Studies en la Universidad de Virginia, dedicada al estudio científico de fenómenos como la reencarnación y las experiencias cercanas a la muerte. Investigó más de 3,000 casos de niños que decían recordar vidas pasadas, muchos con detalles verificables y marcas de nacimiento que coincidían con heridas de personas fallecidas. Su obra más influyente: *Twenty Cases Suggestive of Reincarnation* (1966) y *Reincarnation and Biology* (1997), donde propuso que la reencarnación podría ser un tercer factor en el desarrollo humano, junto con genética y ambiente.

Ambos investigadores han sido criticados por la comunidad científica tradicional, pero sus trabajos siguen inspirando a investigadores y buscadores espirituales.

Realmente hay momentos en la vida que desafían toda explicación. Cuando escuchamos historias de personas que han estado clínicamente muertas y regresan no sólo con vida, sino transformadas, algo se Remueve dentro de nosotros. ¿Qué fuerza invisible les devolvió el aliento? ¿Fue la ciencia que aún no comprende sus propios límites, o fue un susurro divino que rompió las leyes del cuerpo?

Quizás no sea cuestión de elegir entre ciencia o milagro. Tal vez ambos conviven en un mismo espacio, como dos formas distintas de mirar el infinito. La ciencia nos enseña a entender el «cómo», pero la espiritualidad nos invita a explorar el «porqué».

Estas experiencias relacionadas con la muerte nos

recuerdan que hay algo más profundo que los latidos del corazón: una conciencia que persiste, una conexión con lo eterno, una chispa que desafía la lógica y abraza el misterio. Y cuando esa chispa vuelve a encenderse en alguien... se convierte en un faro para todos los que estamos vivos, pero tal vez dormidos.

Capítulo 8
Otras rarezas del día a día

La vida cotidiana está salpicada de fenómenos que parecen pequeños misterios que desafían nuestra comprensión y nos dejan perplejos, pero que nos invitan a reflexionar sobre los límites de nuestra percepción. Son eventos aparentemente triviales, pero que pueden tener un impacto profundo en nuestra percepción de la realidad. Aquí mencionaremos algunos que desafían la lógica y despiertan la curiosidad:

Sonidos o ruidos inexplicables, como por ejemplo golpes, pasos o voces, que se oyen sin que haya nadie presente. Un sonido grave y constante que algunas personas escuchan, pero que no tiene origen identificable. Ruidos en casas vacías, serán: ¿Ecos energéticos? ¿Memorias del lugar?

A veces sentimos como *déjà vu*, es decir, la sensación de

73

haber vivido una situación antes, aunque sea imposible. ¿Un fallo en la memoria o una señal de algo más profundo?

A veces tomamos decisiones acertadas sin razonamiento consciente, solamente porque hemos tenido una corazonada o intuición extrema. ¿Es el inconsciente procesando datos invisibles?

Muchas son las personas que han tenido experiencias paranormales como las apariciones fantasmales, es decir, personas que afirman ver figuras o sombras en lugares cargados emocionalmente. Niños que recuerdan vidas pasadas con detalles imposibles de conocer.

Hay fenómenos naturales insólitos, por ejemplo, la lluvia de peces en Honduras: Un fenómeno meteorológico que ocurre en Yoro, donde literalmente llueven peces del cielo. Las luces de Hessdalen (Noruega): Destellos en el cielo que no se explican por actividad humana ni meteorológica.

Es interesante también mencionar los casos de casas embrujadas, uno de los fenómenos más inquietantes y fascinantes del imaginario colectivo. Se entrelazan con leyendas, traumas históricos, energías residuales y, en muchos casos, con experiencias que desafían la lógica.

Generalmente se caracterizan por presencias invisibles que nos dan la sensación de ser observado, vemos sombras fugaces, o figuras que aparecen en fotografías sin que hayan estado allí cuando fue tomada, igualmente fenómenos físicos como las puertas que se abren solas, luces que parpadean, objetos que cambian de lugar, manifestaciones auditivas como voces, susurros, pasos en habitaciones vacías, llantos o risas inexplicables, cambios de temperatura, por ejemplo zonas frías sin explicación, especialmente en lugares donde se percibe actividad espiritual, mascotas alteradas, es decir animales que se comportan de forma extraña, como ladrar a rincones vacíos o negarse a entrar en ciertas habitaciones.

¿Cuáles son las interpretaciones posibles? Según Allan Kardec, algunas casas pueden estar habitadas por espíritus que no han logrado desprenderse del plano material. La psicología ambiental nos refiere a lugares con historia traumática que pueden generar una atmósfera que afecta la percepción humana; algunos teóricos de la física cuántica sugieren que ciertos fenómenos podrían ser ecos de otras dimensiones o realidades paralelas. Otros dicen que las emociones intensas (dolor, miedo, amor) podrían «imprimirse» en el espacio físico.

Tenemos algunos ejemplos famosos:

La Casa Winchester (California): La viuda del magnate de armas William Winchester decía que estaba perseguida por los espíritus de las personas asesinadas con rifles Winchester y para apaciguar a los espíritus hizo construir una mansión laberíntica con pasadizos secretos, escaleras que no llevan a ninguna parte y pasadizos secretos con el objeto de confundir a los espíritus.

La Mansión Curtiss en *Miami Springs* es una joya histórica con raíces profundas en la historia de la aviación y el desarrollo urbano de Florida. Fue construida en 1925 por el pionero de la aviación Glenn Hammond Curtiss. Su mansión no fue simplemente una residencia, sino una manifestación física de una mente que soñaba con dimensiones más allá del alcance humano. Es un sitio considerado embrujado, al cual se atribuyen eventos paranormales, así como una serie de apariciones. Actualmente es un sitio de eventos y en especial el que se celebra en *Halloween* todos los años.

La casa Monte Cristo Homestead en Australia, considerada la casa más embrujada de ese país, Su historia está impregnada de riqueza, tragedia y misterio, lo que la convierte en un ícono del folclore paranormal australiano. Se dice que está habitada por los espíritus de los antiguos propietarios y varios sirvientes que allí vivieron.

Igual a estos ejemplos se consiguen infinidades de sitios que se pueden ver en documentales y sitios de Internet.

Otras rarezas que se presentan

A menudo nos encontramos con situaciones de difícil explicación, que no sabemos si tienen que ver con el más allá o con la vida extraterrestre. Sólo a manera de curiosidad vamos a presentar un par de casos presentes muy conocidos y que continúan en investigación.

Quizás uno de los casos más interesantes lo encontramos en el famoso **Skinwalker Ranch**:

Éste es uno de los lugares paranormales más infames de Estados Unidos, ubicado en la cuenca de Uintah, al noreste de Utah. Con una extensión de 512 acres, ha sido objeto de especulación intensa, investigaciones científicas y fascinación en la cultura popular durante décadas. El nombre proviene de la leyenda navajo, donde un *skinwalker* (caminante de piel) es un tipo de brujo con la capacidad de cambiar de forma, transformándose en animales.

El rancho se encuentra en tierras que históricamente pertenecieron a la tribu Ute, quienes creen que el área fue maldecida por *skinwalkers* navajos durante conflictos tribales.

Fenómenos reportados

Skinwalker Ranch ha sido asociado con una gran variedad de sucesos inexplicables, como avistamientos de OVNIs y luces misteriosas en el cielo; mutilaciones de ganado realizadas con precisión quirúrgica y sin presencia de sangre; actividad poltergeist, incluyendo objetos que se mueven por sí solos, criaturas extrañas, entre ellas bestias parecidas a lobos, resistentes a las balas; anomalías electromagnéticas que interfieren con dispositivos electrónicos y provocan síntomas físicos; portales interdimensionales; campos energéticos inexplicables y distorsiones del tiempo y efectos psicológicos; fuerzas geofísicas que provocan alucinaciones.

Se han realizado, y se continúan realizando, una gran cantidad de investigaciones científicas.

En los años 90, Robert Bigelow, fundador del Instituto Nacional para la Ciencia del Descubrimiento (NIDSci), compró el rancho para estudiar estos fenómenos. Posteriormente, el gobierno de EE. UU. financió investigaciones mediante un programa del Pentágono de 22 millones de dólares, enfocado en fenómenos aéreos no identificados. Desde 2016, el empresario inmobiliario de Utah Brandon Fugal es el dueño del rancho y lidera investigaciones presentadas en la serie del History Channel *El secreto de Skinwalker Ranch*.

El rancho es el tema de libros como *Hunt for the Skinwalker* y documentales que exploran sus misterios, como la serie de History Channel, que realiza experimentos utilizando radar de penetración terrestre, termografía con drones y análisis de señales para detectar anomalías.

Vamos a enumerar algunas teorías sobre el misterio de Skinwalker Ranch:

Espacios encantados como huellas energéticas:

Muchas tradiciones espirituales sugieren que los eventos intensos o traumáticos dejan residuos energéticos en los lugares donde ocurren. Skinwalker Ranch, con su historial de miedo, violencia y misterio, podría considerarse una cámara de ecos espirituales, un espacio donde las energías del pasado aún vibran. Esto podría conectarse con lugares que conservan energía emocional o espiritual, como las casas encantadas.

La conciencia interactuando con el entorno:

Varios visitantes han reportado efectos psicológicos, alteración de la percepción, miedo súbito, sensaciones telepáticas, que podrían interpretarse como una interacción entre la conciencia y campos energéticos no locales. Tanto Edgar Cayce como el espiritismo afirman que la mente puede influir y ser influida por estos entornos, lo que sugiere que no sólo observamos la realidad, sino que participamos activamente en moldearla.

Portales y cambios vibracionales:

Las teorías sobre portales interdimensionales en el rancho incluyen anomalías electromagnéticas y distorsiones temporales. Esto conecta con tu exploración sobre la percepción espiritual del tiempo, donde la eternidad y la simultaneidad reemplazan al tiempo lineal. Si la conciencia es energía, estos portales podrían ser pasajes vibracionales entre realidades.

Milagros y anomalías:

Así como se han explorado los milagros como expresiones de energía espiritual, los fenómenos del rancho, criaturas invulnerables, mutilaciones inexplicables, luces en el cielo, podrían entenderse como manifestaciones de energías que trascienden nuestro marco científico actual. Ya sean divinas, extraterrestres o interdimensionales, ellas desafían los límites de lo que llamamos «realidad natural».

También existe otro lugar muy nombrado en relación con sucesos que no tienen explicación; nos referimos al **Monte Shasta**.

Los misterios de Monte Shasta (*Mount Shasta*)

Monte Shasta, o como se llama en inglés *Mount Shasta*, es un estratovolcán potencialmente activo ubicado al sur de la Cordillera de las Cascadas, en el condado de Siskiyou, California. Con una elevación de 4.322 m sobre el nivel del mar, se alza de manera abrupta sobre el valle y domina el paisaje de la región norte del estado, es un imán de leyendas y sucesos extraños que van desde civilizaciones subterráneas hasta agujeros de 60 pies de profundidad excavados en la noche. Bajo su imponente presencia, convergen historias de civilizaciones ocultas, luces en el cielo y desapariciones sin rastro. Cada testimonio añade una capa de misterio.

Para las tribus nativas, Shasta, Modoc, Karuk, Wintu y otras, la montaña fue un centro ceremonial donde habitaba el espíritu Skell, vencedor de Llao en mitos de fuego y agua.

En la tradición no nativa destaca La leyenda de Lemuria, un supuesto reino de avanzados «lemurianos» ocultos en cavernas de la montaña; también lo señalan como uno de los «centros de poder» globales para la alineación planetaria. Se habla de una avanzadisima raza proveniente de la mítica Lemuria que habría construido una ciudad bajo la montaña llamada Telos. Esta raza es descrita como seres de gran estatura, de piel luminosa y túnicas blancas, dotados de poderes psíquicos y tecnología imposible para nuestro mundo. Aparecen en relatos desde fines del siglo XIX, popularizados por libros como *A Dweller on Two Planets,* libro escrito por Frederick Spencer Oliver, quien nació en 1866 y falleció en 1899.

Por otro lado, algunos ufólogos sostienen que los objetos voladores no identificados vistos sobre Shasta no proceden del espacio exterior, sino de realidades alternas. Según la hipótesis interdimensional, estos OVNI atraviesan portales naturales en la montaña para «visitar» nuestro plano.

Hay registros de personas que desaparecen en los alrededores de Shasta y reaparecen sin memoria del tiempo perdido. Algunos creen que hay portales interdimensionales o que la montaña actúa como un umbral entre mundos. Se relatan casos de senderistas que desaparecen brevemente en puntos específicos y reaparecen sin recuerdo del lapso perdido. Para muchos, son saltos dimensionales facilitados por estos portales naturales.

En 1904, el geólogo J.C. Brown afirmó haber descubierto una ciudad subterránea con oro, escudos y momias de hasta 3 metros. Organizó una expedición con 80 personas, pero desapareció el día del viaje. Nunca se volvió a saber de él.

Los cielos de Shasta han sido escenario de numerosos avistamientos de luces y objetos no identificados. Con frecuencia se confunden con nubes lenticulares, pero muchos creen que ocultan naves que viajan hacia Telos. Se reportan testimonios de guardabosques y civiles, y hasta negativas oficiales del Forest Service tras imágenes virales (2020).

En el condado se menciona que desde los años 80, han sabido al menos 11 casos de personas que se esfumaron en los alrededores de Shasta y que, cuando reaparecieron, ninguno tenía memoria del período perdido, lo que alimenta la idea de portales dimensionales o influencias sobrenaturales. ¿Será leyenda? No lo sabemos, pero lo que sí es cierto es que Shasta es considerado un vórtice donde la energía terrestre se concentra, facilitando experiencias místicas. En 1987, la Convergencia Armónica lo señaló como uno de los «centros de poder» planetarios. Hoy en día acoge retiros de personas, templos zen (Shasta Abbey) y talleres de meditación que exploran su supuesta energía transformadora.

Los densos bosques de la región alimentan leyendas de un gran simio bípedo, *Bigfoot*. Se narran pisadas gigantes y siluetas fugaces al amanecer. Para los criptozoólogos, Shasta es uno de los epicentros mundiales de su investigación.

Hace una década apareció un hoyo de unos 18 metros aproximadamente, excavado a mano, con poleas y cubos abandonados. Hay tres teorías principales sobre su propósito: Búsqueda de la ciudad subterránea de Lemuria. ¿Rapiña de artefactos de tribus nativas de artefactos ceremoniales? ¿Minería ilegal de oro? El agujero fue rellenado, pero sigue siendo un lienzo en blanco para cualquier conjetura.

Mount Shasta es como una puerta natural donde el plano físico y el metafísico se tocan. Quienes meditan en sus vórtices experimentan sensaciones de desplazamiento de conciencia, como si cruzaran a otro mundo paralelo.

Desde el enfoque de la iglesia *Universal Christian Church*, *Mount Shasta* es un «nodo cósmico» donde convergen energías terrestres y universales. Aquí, portales interdimensionales servirían de puente entre la creación y lo divino, invitando al visitante a conectar con niveles superiores de conciencia.

Sumergirse en *Mount Shasta* o Monte Shasta es adentrarse en un laberinto de leyendas y enigmas donde cada descubrimiento invita a cuestionar lo posible.

También existen muchas otras rarezas en nuestro día a día, como por ejemplo los objetos que desaparecen.

Objetos que desaparecen misteriosamente

La desaparición de objetos, especialmente cuando no hay explicación lógica aparente, ha sido tema recurrente en relatos personales, literatura y filosofía. Cuando la desaparición desafía la lógica, no tenemos explicación racional posible; nos adentramos en el terreno de lo inexplicable, un territorio donde la realidad parece esfumarse y las preguntas que nos hacemos superan con creces las respuestas.

Uno de los fenómenos más comunes y desconcertantes es la desaparición de objetos como llaves, relojes, documentos y, en general, cualquier otro artículo que pareciera esfumarse sin razón aparente, para aparecer en otros lugares inesperados. Este fenómeno ha sido atribuido con frecuencia a diversas causas, siendo la más común el olvido de donde lo dejaste, pero también a la intervención de entidades sobrenaturales.

Estos sucesos a menudo se relacionan con «lo desconocido», tanto en un sentido psicológico como existencial. Tales desapariciones tienen origen en fallos de atención o memoria. El objeto *parece* desaparecer, pero simplemente no recordamos haberlo movido. Este vacío entre lo real y lo recordado nos conecta con lo desconocido de nuestra propia mente. Hay veces que realmente lo damos por perdido, simplemente no encontramos lo que buscamos; hay quienes entonces lo atribuyen a narrativas sobrenaturales, a la intervención de espíritus o a portales interdimensionales. Este tipo de explicación apela a un universo con leyes más allá de lo conocido, despertando fascinación y temor.

Lugares, personas y grandes objetos que desaparecen o cambian inexplicablemente.

Veamos algunos:

El pueblo inuit del Lago Anjikuni: una comunidad entera desapareció sin dejar rastro en Canadá en 1930.

El barco fantasma Mary Celeste: encontrado en 1872 sin tripulación, con comida servida en la mesa y sin señales de lucha.

Casos de desapariciones en el Triángulo de las Bermudas en donde han desaparecido barcos y aviones. Por supuesto, estos casos no han sido probados y continúan en incógnita.

Hay un caso muy conocido y curioso que vamos a relatar:

El famoso caso del piloto **Bruce Gernon**, quien asegura haber atravesado una especie de *wormhole* o vórtice temporal en el Triángulo de las Bermudas en los años 70. Este incidente ha sido citado por muchos como uno de los más intrigantes relacionados con anomalías espacio-temporales.

En 1970, Gernon volaba una avioneta Beechcraft Bonanza desde las Bahamas hacia Fort Lauderdale. A mitad del trayecto, él y su padre observaron una extraña nube en forma de anillo que parecía expandirse. Al entrar en la nube, experimentaron una especie de túnel o «niebla electrónica» con rayos y distorsiones visuales. Según Gernon, el avión emergió del fenómeno y apareció cerca de *Miami* más de 30 minutos antes de lo previsto, como si hubiera «saltado» en el tiempo.

¿Qué pudo haber pasado?

Gernon sostiene que fue una especie de «*wormhole* atmosférico», una distorsión espacio-temporal natural. Algunos científicos creen que pudo haber sido una ilusión óptica, una corriente de aire inusualmente rápida o incluso una falla en los instrumentos. Otros lo vinculan con teorías sobre portales interdimensionales, anomalías electromagnéticas o energía espiritual concentrada en esa zona.

El vuelo normalmente tomaba unos 90 minutos, pero ese día sólo duró 47 minutos, lo que implicaría un ahorro significativo de combustible. Gernon revisó los niveles de gasolina y notó que no correspondían con un vuelo completo, como si el avión hubiera recorrido menos distancia o estado menos tiempo en el aire. Esto lo pudo demostrar con los comprobantes de la compra de la gasolina cuando salió de las Bahamas y la compra en el aeropuerto de Fort Lauderdale; el consumo de ese viaje fue mucho menor que lo que normalmente le consumía en otros vuelos iguales. Esto reforzó su hipótesis de haber atravesado un «túnel» espacio-temporal, ya que el consumo de energía fue inexplicablemente bajo.

Hay otro caso interesante sucedido en 1935, el del piloto Victor Goddard, llamado el piloto que vio el futuro. En ese año, el comandante Victor Goddard de la Real Fuerza Aérea Británica volaba sobre un aeródromo abandonado en Escocia cuando atravesó una tormenta intensa. Al salir de ella, vio el mismo aeródromo... pero completamente restaurado, con aviones modernos y personal vestido con uniformes que no existían en ese momento. Años después, el aeródromo fue efectivamente renovado tal como él lo había visto

Hay otros sitios que se comportan como el Triángulo de las Bermudas, como lo son **el Triángulo del Dragón** en el océano Pacífico, donde barcos y aviones han desaparecido sin explicación; la Puerta de Uramu en Perú y el monte Roraima en Venezuela, donde aparecen unas luces extrañas sin explicación alguna.

El Mar del Diablo en Japón, también similar al Triángulo de las Bermudas. Esta zona al sur de Tokio ha sido escenario de múltiples desapariciones de barcos y aviones. Algunos pilotos han reportado brújulas girando sin sentido, cielos que cambian de color, y una sensación de «desconexión temporal».

En cuanto a personas que han desaparecido sin dejar rastros, citaré sólo algunos conocidos:

La colonia perdida de Roanoke: En 1590, un asentamiento inglés desapareció por completo, dejando sólo la palabra «Croatoan» tallada en un árbol.

Hay desapariciones que parecen arrancadas de novelas de misterio, pero ocurrieron en la vida real y siguen sin explicación. Aquí podemos ver otros casos conocidos.

Louis Le Prince, inventor de la primera cámara de cine. Él desapareció misteriosamente en un tren entre Dijon y París en 1890. Nunca se encontró su cuerpo ni su equipaje.

Tripulación del MV Joyita. En 1955, el barco apareció abandonado en el Pacífico con signos de daño, pero sin sus 25 tripulantes. El equipo de radio funcionaba, pero no había señales de lucha ni cuerpos.

El caso de Ettore Majorana, físico italiano que desapareció en 1938 tras enviar cartas ambiguas sobre su destino. Algunos creen que se ocultó voluntariamente; otros, que fue asesinado o reclutado secretamente.

Caso del niño Dennis Martin de 6 años que desapareció en 1969 en el Parque Nacional Great Smoky Mountains. Fue visto por última vez jugando con sus hermanos. Nunca se encontró rastro alguno. Igual que éste, hay gran cantidad de casos sin resolver, seguramente que han sido raptados, pero también habrá alguno inexplicable; basta ir a la Internet en sitios como YouTube para conocer muchos de ellos.

Estos han sido sólo unos casos bien conocidos, pero la realidad es que ha habido una infinidad de otros casos que sería muy largo describir. Seguramente ya has oído de algunos recientes, como el vuelo MH370 de Malaysia Airlines desaparecido el 8 de marzo de 2014 con 239 personas a bordo. Estas desapariciones no sólo desafían la lógica, sino que también alimentan teorías sobre dimensiones paralelas, conspiraciones y fenómenos inexplicables.

En cuanto a grandes objetos, hay también infinidad de historias, las cuales sería muy largo de mencionar; sólo voy a mencionar un caso muy curioso sobre la desaparición de un automóvil perteneciente al difunto actor **James Dean,** quien murió en un accidente en ese vehículo, un Porsche 550 Spyder (el auto maldito), apodado ***Little Bastard***.

Éste es uno de los misterios más intrigantes del mundo del automovilismo y Hollywood. El caso es que este actor murió el 30 de septiembre de 1955 en un accidente automovilístico mientras conducía su Porsche 550 Spyder en camino a una carrera en Salinas, California. Tras el choque, el auto quedó destrozado, pero lo extraño es lo que ocurrió después:

El auto fue exhibido como advertencia. George Barris, un famoso diseñador de autos, compró los restos del vehículo y los usó en una exhibición para concienciar sobre la seguridad vial. Algunas partes del auto fueron vendidas como repuestos para otros vehículos. Muchos de ellos sufrieron accidentes graves relacionados con sus piezas.

Finalmente, desapareció misteriosamente. En 1960, los restos del ***Little Bastard*** fueron enviados a una exposición en Florida, pero nunca llegaron a su destino. Desde entonces, el paradero del auto es desconocido. Algunos creen que el Porsche realmente estaba «maldito», mientras que otros piensan que simplemente fue robado o destruido. Lo cierto es que su desaparición sigue siendo un misterio sin resolver.

Todas estas experiencias que hemos mencionado pueden ser inquietantes, pero también revelan cómo la cultura, la historia y la percepción humana se entrelazan con lo desconocido y no sólo nos desconciertan, sino que también nos invitan a ampliar los límites de lo que consideramos posible.

Capítulo 9
El tiempo, ¿realidad, ilusión o dimensión desconocida?

El tiempo es el único recurso que todos tenemos en igual cantidad para administrar, 24 horas al día. No existe la posibilidad de «ahorrar tiempo»; no hay dónde ni cómo guardarlo. De cualquier forma, lo utilicemos bien o mal, igual el tiempo se gasta. ¿Cuántos de nosotros no quisiéramos retroceder el tiempo, o al menos utilizar esas horas que hemos «ahorrado»? Desafortunadamente, el tiempo no es como el recurso financiero, el cual se puede ahorrar para utilizarlo en tiempos difíciles; eso no existe, por lo menos hasta donde nuestros conocimientos nos indican.

Si nos ponemos a analizar, no tenemos muchas veces ni siquiera ese tiempo que podamos decir que nosotros manejamos. ¿Has notado cuántas llamadas telefónicas recibes a diario, cuáles son realmente importantes y qué te ayudan a dar valor a tu trabajo? ¿Cuántas visitas, reuniones y charlas?

¿Cuánto tiempo pasas en tu teléfono móvil viendo mensajes? Cuando nos damos cuenta de ello, nos encontramos con una realidad inesperada: no tenemos más tiempo para lo que necesitamos hacer.

Entonces, ¿qué es el tiempo?

Desde que el ser humano tiene conciencia de sí mismo, ha sentido el paso del tiempo como una constante ineludible. Lo medimos, lo nombramos, lo tememos y, a veces, deseamos dominarlo. Pero cuando intentamos definirlo, el tiempo se escapa como arena entre los dedos. ¿Existe realmente, o es sólo una construcción mental? ¿Es absoluto, relativo o simplemente una ilusión?

En muchas culturas antiguas, el tiempo no era una línea recta, sino un ciclo eterno. Para los hindúes, el universo se crea y se destruye en ciclos. Para los mayas, el tiempo era una danza cósmica de eras superpuestas. Occidente, en cambio, lo ha concebido como una flecha que avanza implacablemente hacia el futuro, sin retorno. ¿Cuál de estas visiones se acerca más a la verdad?

Según la ciencia, con la teoría de la relatividad, Einstein revolucionó nuestra comprensión del tiempo. Ya no era un flujo constante, sino algo que podría ralentizarse o acelerarse dependiendo de la velocidad y la gravedad. En otras palabras, el tiempo no es igual para todos: para un astronauta que viaja a gran velocidad, los minutos podrían ser horas en la Tierra. Él mantenía que el tiempo era una construcción de la mente humana, que en el universo todo ocurre simultáneamente y que la muerte no es un fin, sino una transición fuera del tiempo.

La física cuántica añade aún más misterio: a nivel subatómico, algunos eventos parecen suceder sin un orden claro. La idea de una «flecha del tiempo» que sólo avanza se vuelve menos firme. ¿Y si todo lo que creemos sobre pasado, presente y futuro es una ilusión de nuestra percepción limitada?

Más allá de la física, todos hemos experimentado cómo el tiempo cambia según lo que sentimos. En momentos de alegría, parece volar. El dolor se vuelve eterno. Durante un accidente o una experiencia intensa, todo se desacelera como si el tiempo se detuviera. Este fenómeno, documentado por psicólogos y neurocientíficos, revela que el tiempo no es sólo lo que marca el reloj, sino también una experiencia interior profundamente moldeada por nuestra conciencia.

Incluso hay quienes, durante experiencias cercanas a la muerte (ECM), describen estar «fuera del tiempo», observando su vida en un solo instante, como una panorámica completa. ¿Cómo explicar este fenómeno?

Ahora nos preguntamos: ¿Existe el tiempo más allá del cuerpo?

Muchas tradiciones espirituales afirman que el alma habita en un plano donde el tiempo no existe tal como lo conocemos. En estados de meditación profunda, visiones místicas o sueños lúcidos, hay quien asegura haber salido del tiempo, experimentando una paz donde el «ahora» es eterno. ¿Es el tiempo una propiedad de la materia física, y por tanto sólo afecta al cuerpo? ¿Es posible que, en otras dimensiones de la existencia, el tiempo sea otra cosa, o simplemente no sea necesario?

El tiempo cíclico y el eterno retorno

¿Es el tiempo lineal o cíclico? Para el pensamiento moderno, la historia avanza, progresa, evoluciona. Pero en muchas tradiciones antiguas, el tiempo era circular: el día y la noche, las estaciones, los ciclos lunares, la reencarnación.

El filósofo Nietzsche habló del «eterno retorno»: la idea de que todo lo que vivimos se repetirá infinitamente. Para algunos esto es una maldición, para otros, una invitación a vivir con conciencia cada instante.

Si el tiempo fuera realmente cíclico, ¿significaría eso que nuestros actos están predestinados a repetirse? ¿O que, de algún modo, el alma recorre una espiral de crecimiento que parece volver al mismo punto, pero nunca es exactamente igual?

Para nosotros el tiempo está lleno de paradojas. Por ejemplo, si pudiéramos viajar al pasado, ¿podríamos cambiarlo? ¿Cómo es posible que algunas partículas subatómicas «se comuniquen» instantáneamente, ignorando el tiempo y la distancia? ¿Existe realmente el presente, o es sólo el borde entre el pasado que se desvanece y el futuro que aún no llega?

Einstein decía que «la distinción entre pasado, presente y futuro es sólo una ilusión, aunque persistente». Explicaba que el tiempo no es universal, sino que dependía del observador, por lo que la consciencia podía experimentar realidades no lineales. Si esto es así, todo podría estar ocurriendo al mismo tiempo, pero nosotros, limitados, lo experimentamos en una secuencia.

La relación entre el tiempo y la muerte es inseparable. La muerte, para muchos, es el fin del tiempo. Para otros, es su transformación. Cuando alguien muere, lo que percibimos no es sólo el cese de funciones biológicas, sino la interrupción del reloj interno que marcaba su paso por esta realidad. El tiempo deja de tener sentido en ese cuerpo, pero ¿y en la conciencia?

Numerosos relatos de personas que han estado al borde de la muerte, en experiencias cercanas a la muerte (ECM), coinciden en algo inquietante: el tiempo desaparece. Algunos aseguran haber visto toda su vida en un solo instante. Otros dicen haber experimentado «mil años en un segundo» o un estado donde el tiempo no existía, pero tampoco hacía falta.

¿Es la muerte una puerta fuera del tiempo? ¿Abandona el alma la línea temporal al morir y entra en un espacio donde todo ocurre simultáneamente?

Si el tiempo es una dimensión, como lo propone la física, entonces la muerte no sería el fin, sino el cruce hacia otra dimensión donde el tiempo, al menos como lo conocemos, no rige. Una dimensión donde pasado, presente y futuro coexisten, como una vasta llanura de hechos posibles. Platón tenía el tiempo como una imagen móvil de la eternidad; Aristóteles como medida del movimiento; San Agustín como una construcción de la conciencia humana y Kant como una categoría mental, no una realidad objetiva.

Para algunas corrientes espirituales y filosóficas, la muerte no es un punto final, sino una curva en el camino del alma. Desde esa perspectiva, el tiempo biológico se detiene, pero el tiempo del alma continúa. ¿Cómo es ese tiempo? ¿Existe una secuencia en el más allá? ¿Hay un «antes» y un «después» del alma?

Las tradiciones que creen en la reencarnación afirman que el alma vuelve una y otra vez, como si el tiempo fuera cíclico, pero a nivel espiritual. Otras, como ciertas ramas del misticismo cristiano, describen estados intermedios donde el alma reposa fuera del tiempo, antes de continuar su viaje.

Quizá lo que llamamos muerte es, simplemente, un cambio de ritmo temporal: pasamos de un tiempo denso, material y lineal a un tiempo sutil, expandido o incluso eterno. En ese sentido, morir no sería dejar de existir, sino dejar de contar los días.

El tiempo nos ata a lo físico, a lo finito, a lo medible. Pero en el silencio de la muerte, en ese momento donde todo se detiene, hay una intuición universal: algo queda. Una conciencia, una memoria, una presencia.

Quizá, al morir, no salimos del tiempo, sino que regresamos a su origen, a ese punto fuera del reloj donde todo simplemente es como un viajero que ha cruzado la botella de

Klein* y se encuentra, al final, en el mismo punto de partida... pero transformado.

¿Y si la muerte no es más que una curva inesperada en la geometría del tiempo?

¿Y si lo inexplicable no es la muerte, sino nuestra limitada forma de entenderla?

¿Es el tiempo lineal? No pareciera, no tanto por lo que hemos leído de aquéllos que han regresado desde el más allá, sino que también tenemos el caso del avión de las Bahamas.

Tal vez no podamos controlar el tiempo. Pero sí podemos habitarlo con más profundidad, con más conciencia, y preguntarnos cada día: ¿Estoy viviendo, o simplemente dejando que el tiempo me viva?

---

* *La botella de Klein es un objeto fascinante tanto desde el punto de vista matemático como filosófico. Es una superficie no orientable descubierta por el matemático alemán Félix Klein en 1882. Es un objeto que no tiene «dentro» ni «fuera», lo cual desafía nuestra intuición tridimensional. No tiene interior ni exterior, y sin embargo existe.*

Capítulo 10
¿Puede la ciencia explicar lo inexplicable?

D esde los albores de la humanidad, el ser humano ha mirado al cielo, ha observado la muerte, ha sentido presencias invisibles y ha vivido experiencias que desafían toda lógica. En cada época, la ciencia ha avanzado un poco más, desentrañando los secretos del universo. Y, sin embargo, aún hoy, lo inexplicable persiste. ¿Puede realmente la ciencia, algún día, explicarlo todo?

La ciencia es una herramienta admirable, pero tiene sus límites naturales. Nos ha permitido comprender desde el ADN hasta las galaxias más lejanas. Gracias a ella hemos conquistado enfermedades, explorado planetas y comprendido aspectos profundos de la materia y la energía. Pero su método exige ciertas condiciones: observación objetiva, repetibilidad, pruebas controladas.

¿Qué sucede cuando un fenómeno no cumple estas

condiciones? ¿Cómo se estudia una experiencia que ocurre una sola vez y de forma subjetiva, como una visión en el lecho de muerte o una experiencia extracorporal? La ciencia se encuentra entonces ante un dilema: o ignora el fenómeno por no poderlo estudiar, o lo estudia desde los márgenes, sin poder dar respuestas concluyentes.

La física cuántica y el panpsiquismo son teorías que intentan explicar lo inexplicable. La física cuántica sugiere la existencia de múltiples realidades simultáneas, mientras que el panpsiquismo propone que la conciencia es una propiedad fundamental del universo.

Investigaciones de científicos como el Dr. Ian Stevenson, quien ha documentado casos de niños que recuerdan vidas pasadas con detalles precisos, al igual que lo ha hecho el Dr. Brian Weiss con su método de hipnosis y regresión al pasado del paciente, son hechos que sugieren que la conciencia podría no depender completamente del cuerpo físico. Desde su visión, el cuerpo puede manifestar bloqueos, traumas o misiones del alma. En sus regresiones, ha documentado sanaciones profundas tras acceder a memorias espirituales. Chico Xavier, por su parte, afirmaba que el pensamiento y la fe son emisores energéticos que impactan la estructura del ser.

¿Qué relación hay entre la física y el misterio? En un mundo donde la medicina avanza a pasos gigantescos, existen casos que desafían no sólo la lógica científica, sino también la comprensión espiritual del ser humano. Las curaciones milagrosas recientes revelan un tejido invisible entre lo físico y lo metafísico, donde la fe, la intención, la energía y quizás la providencia parecen entrelazarse.

Casos como las Experiencias Cercanas a la Muerte (ECM) han sido documentados con rigor, pero siguen planteando más preguntas que respuestas. Personas que han sido declaradas clínicamente muertas por varios minutos relatan viajes, encuentros con seres fallecidos y visiones de luz intensa o revisión de vida. ¿Cómo se explica la conciencia activa sin actividad cerebral? ¿Qué lugar ocupa la mente en relación con el cuerpo?

Asimismo, fenómenos como los ocurridos en el Skinwalker Ranch, donde durante décadas se han reportado avistamientos de luces, mutilaciones animales y distorsiones del espacio-tiempo, han sido objeto de investigaciones militares y privadas. Hasta hoy, no existe una explicación científica concluyente. ¿Estamos ante tecnologías no humanas? ¿Fenómenos interdimensionales? ¿O ante algo que aún no podemos ni siquiera nombrar?

La ciencia no lo es todo. Aceptar que la ciencia no puede explicarlo todo no es una derrota, es una forma de humildad. Existen campos que la ciencia toca de forma indirecta, como la conciencia, la espiritualidad, el alma o la intención humana. Muchos filósofos, e incluso científicos como Carl Jung, Max Planck o Albert Einstein, reconocieron que detrás del orden natural hay algo más: una fuerza, una inteligencia, un misterio.

La ciencia puede medir el corazón, pero no puede medir

el amor. Puede estudiar el cerebro, pero no capturar la experiencia subjetiva del yo. Puede analizar los patrones del cosmos, pero no la profundidad de la existencia.

Creemos que la ciencia, la religión y la filosofía son caminos complementarios. No se trata de enfrentar ciencia contra religión, ni razón contra fe. Se trata de reconocer que el ser humano es un puente entre lo conocido y lo desconocido. La filosofía aporta preguntas fundamentales; la religión, sentido; y la ciencia, conocimiento. Pero ninguna lo explica todo. Y tal vez ése sea el punto en que lo inexplicable no está ahí para ser explicado, sino para ser explorado, sentido y respetado.

¿Es posible que una oración cargada de intención altere las frecuencias de nuestras células? ¿Que la intercesión sea un diálogo entre conciencias más allá del tiempo? A muchos venezolanos les constan las curaciones milagrosas del Dr. José Gregorio Hernández después de las oraciones que le han hecho por la curación de un enfermo terminal.

La ciencia ha logrado explicar muchos aspectos de nuestra realidad, desde la estructura del átomo hasta la expansión del universo. Sin embargo, hay fenómenos que siguen siendo un misterio. Las experiencias cercanas a la muerte (ECM), por ejemplo, han sido reportadas por miles de personas en todo el mundo. Aunque la ciencia ha propuesto explicaciones fisiológicas, como la privación de oxígeno en el cerebro y la liberación de endorfinas, estos fenómenos siguen siendo objeto de debate.

¿Puede la ciencia explicar lo inexplicable?

La física cuántica y el panpsiquismo son teorías que intentan abordar lo inexplicable desde una perspectiva científica. La física cuántica sugiere que existen múltiples realidades simultáneas, lo que podría explicar fenómenos como el *déjà vu* y las premoniciones. El panpsiquismo, por otro lado, propone que la conciencia es una propiedad fundamental del universo, lo que podría explicar experiencias como la percepción de seres espirituales y la sensación de atemporalidad.

Investigaciones sobre lo paranormal, como las realizadas por el Dr. Ian Stevenson, también ofrecen una perspectiva interesante. Aunque estos casos no prueban nada en términos científicos estrictos, sí abren la posibilidad de que la conciencia no dependa completamente del cuerpo físico.

En resumen, la ciencia ha avanzado mucho en la explicación de fenómenos naturales, pero aún hay aspectos de la realidad que desafían nuestra comprensión. La exploración de lo inexplicable requiere una mente abierta y un espíritu crítico, y quizás nunca tengamos respuestas definitivas. Sin embargo, la búsqueda de estas respuestas es lo que nos impulsa a seguir explorando y aprendiendo.

Capítulo 11
¿Estamos solos en el universo?

L a inmensidad del cosmos ha despertado siempre nuestra admiración y curiosidad. Desde tiempos remotos, nos cuestionamos si estamos solos en este vasto universo o si existen otras formas de vida más allá de nuestro planeta. Esta inquietud ha inspirado a científicos, filósofos, artistas y soñadores a lo largo de la historia; sigue siendo uno de los grandes misterios de nuestra existencia.

La búsqueda de vida extraterrestre es una prioridad en la astronomía y la astrobiología. Astrónomos y misiones espaciales exploran Marte, entre otros cuerpos, en busca de condiciones habitables o rastros de vida. Además, telescopios como el James Webb están identificando exoplanetas en zonas habitables alrededor de otras estrellas, lo que representa un avance trascendental en la astronomía moderna. En paralelo, el programa SETI (Search for Extraterrestrial Intelligence) se dedica a detectar señales de radio provenientes de civilizaciones avanzadas.

Desde una perspectiva filosófica, se argumenta que no hay nada especial en la Tierra, por lo que, con millones de estrellas y planetas, es probable que la vida sea común. Sin embargo, surge la gran pregunta: si es tanto el número de mundos, ¿por qué no hemos encontrado aún evidencia sólida de vida extraterrestre?

A lo largo del tiempo, mitologías y creencias de distintas culturas han imaginado seres de otros mundos. Desde espíritus y dioses hasta relatos de visitantes celestiales, la idea de vida extraterrestre ha sido parte del imaginario colectivo humano.

El descubrimiento de otras formas de vida tendría un impacto profundo: replantearía nuestras creencias, valores y la manera en que concebimos la ciencia, la filosofía y la religión.

Existen múltiples relatos de avistamientos de OVNIs y encuentros cercanos ampliamente difundidos. Aunque controvertidos, muchos testimonios captan la atención pública y han sido objeto de investigaciones. El hecho de que las fuerzas armadas de Estados Unidos han creado departamentos específicos y publicado imágenes relacionadas con objetos voladores no identificados sugiere que, al menos, consideran posible la existencia de vida extraterrestre.

La pregunta sobre si estamos solos sigue abierta. La probabilidad de vida en otros planetas es alta, considerando el vasto número de exoplanetas en zonas habitables descubiertos hasta ahora, como Kepler-62e, Luyten b o sistemas como TRAPPIST-1 que presentan múltiples planetas potencialmente habitables.

Investigaciones científicas: exoplanetas y astrobiología

Una encuesta realizada entre más de 1.000 científicos, incluyendo 521 astrobiólogos, reveló que un 86,6 % considera altamente probable que exista vida extraterrestre básica (microbiana) en alguna parte del universo. Para vida compleja o inteligente, el acuerdo se sitúa en torno al 67% y 58%, respectivamente. Según Reddit, muchos aportan comentarios como: «La idea de que no hay nada, ni siquiera bacterias, en todo eso no parece probable». Es decir, la gran mayoría está segura de que hay vida extraterrestre.

Misión y experimentos espaciales clave como el *CubeSat* lanzado en noviembre de 2022 como parte de Artemis, llevan levaduras que evalúan el daño del ambiente espacial profundo en el ADN. Estará operando hasta septiembre de 2025 y ayudará a comprender mejor los riesgos biológicos para misiones humanas futuras.

El Dragonfly, nave tipo rotorcraft del programa para explorar la luna de Saturno Titán, evaluará la habitabilidad de su superficie rica en química prebiótica. Buscará aminoácidos y bases de ADN en escenarios donde exista agua líquida transitoria y compuestos orgánicos complejos.

Un estudio de *Nature Communications* (2024) halló que

planetas rocosos en sistemas de estrellas tipo M como TRAP-PIST-1 podrían preservar atmósferas secundarias durante mucho tiempo, lo cual aumenta las posibilidades de habitabilidad.

Adicionalmente, podemos mencionar casos como los realizados por investigadores de ASU y Princeton, quienes descubrieron que planetas tipo supertierra (hasta 5 masas terrestres) podrían tener volcanismo y campos magnéticos duraderos gracias a la concentración de elementos radiactivos en su núcleo, lo cual favorece entornos estables para albergar vida.

Por otro lado, un estudio reciente en *The Astrophysical Journal* (julio de 2024) sugiere incorporar la interacción magnética entre estrella y planeta como criterio adicional. Muchos planetas en zonas «*Goldilocks*» están dentro del radio magnético de su estrella, lo que puede acelerar la pérdida de atmósfera. Sólo dos exoplanetas cumplieron todos los requisitos: K2-3d y Kepler-186f, ambos con posibles campos magnéticos protectores.

De la misma manera, una investigación publicada en *Nature Astronomy* propone que la existencia de agua líquida bajo capas de hielo puede extender mucho más el límite clásico de la zona habitable. Esto amplía la búsqueda a planetas fríos en donde la vida podría existir bajo superficies heladas.

Es también digno de mencionar que los hallazgos recientes del telescopio James Webb y otras exploraciones usando el telescopio JWST han detectado sustancias como el dimetil sulfuro (DMS) y dimetil disulfuro (DMDS) en la atmósfera, compuestos que en la Tierra están asociados a microorganismos marinos. Si bien se considera el hallazgo más prometedor hasta ahora, la comunidad científica aún espera confirmación adicional.

Por otro lado, en marzo de 2025, astrónomos confirmaron la existencia de cuatro planetas rocosos que se encuentran orbitando Barnard, la estrella más cercana con un sistema múltiple de planetas más pequeños que la Tierra. Sin embargo, todos están demasiado cerca de la estrella para mantener agua líquida en su superficie.

Podemos concluir que la evidencia científica y el consenso entre expertos respaldan la alta probabilidad de vida microbiana en otros mundos, aunque la vida inteligente sigue siendo más incierta. Los criterios de habitabilidad se están ampliando: ya no sólo importa la distancia al sol, sino también magnetismo estelar, volcanismo duradero o incluso agua bajo hielo.

Misiones como BioSentinel, Dragonfly y futuros telescopios como el HabEx / Habitable Worlds Observatory (HWO) apuntan a descubrir atmósferas y detectar posibles «biosignaturas», es decir, cualquier sustancia, estructura o patrón que proporciona evidencia científica de vida pasada o presente.

Ahora, yendo a nuestro planeta, desde el punto de vista oficial, no existen casos confirmados de contacto directo con seres extraterrestres o recuperación pública de naves en la

Tierra; sin embargo, hay encuentros documentados con objetos aéreos anómalos (UAP) que desafían explicaciones convencionales, como el célebre caso del USS *Nimitz* en 2004.

La Armada de EE. UU. operó cerca de la costa sur de California entre el 10 y el 16 de noviembre de 2004, detectó múltiples Vehículos Aéreos Anómalos (AAV) descendiendo desde unos 60.000 pies hasta apenas 50 pies sobre el océano, en cuestión de segundos. Posteriormente, se observó en radar que se quedaban inmóviles y luego se iban a alta velocidad.

El comandante David Favor, piloto del USS *Nimitz*, y la teniente comandante Alex Dietrich, junto a otros tripulantes, vieron un objeto blanco con forma de «Tic Tac» de unos 12m de longitud flotando sobre una perturbación del agua. El objeto carecía de alas, ventanas, escape, ni señales de calor o sonido; aceleró abruptamente y desapareció en segundos, reapareciendo en el radar a 60 millas de distancia.

El piloto Chad Underwood, en su avión F/A-18, filmó el objeto con una cámara infrarroja avanzada (FLIR), generando el famoso video conocido como «Tic Tac», nombre que el piloto le dio basado en la semejanza con un dulce llamado así.

Las grabaciones y testimonios se hicieron públicos en 2017 y en 2020, cuando el Departamento de Defensa decidió liberar los videos categorizados como auténticos, aunque sin confirmar su origen extraterrestre.

Actualmente, la Oficina de Resolución de Anomalías en Todos los Dominios (AARO), creada en 2022, ha recibido más de 500 incidentes UAP desde 2021. Aproximadamente la mitad fueron explicados como globos, drones o aves; la otra mitad permanece sin explicación por datos insuficientes. En noviembre de 2024, su director Jon Kosloski declaró ante el Senado que hay al menos tres casos recientes de UAP verdaderamente «anómalos», de objetos que aceleran extremadamente rápido o desaparecen sin señal, los cuales desafían explicaciones convencionales.

David Grusch, exoficial de inteligencia, afirmó ante el Congreso de EE. UU. que el gobierno ha recuperado naves y materias biológicas «no humanas» en programas clasificados. Sin embargo, no hay evidencia pública ni documentación independiente que respalde estas afirmaciones, y tanto el Pentágono como la NASA las han negado oficialmente.

Los encuentros UAP con testigos militares y grabaciones técnicas (como el «Tic Tac») existen y vuelven legítimo el estudio científico y de seguridad. Pero hasta ahora no existe evidencia pública de tecnología o contacto extraterrestre confirmado. Los informes oficiales subrayan la necesidad de seguir investigando sin estigmatizar a testigos confiables.

Teorías más radicales como la vida basada en silicio o la existencia de otros universos habitables (multiverso) amplían aún más las posibilidades. Mientras tanto, lugares como el Skinwalker Ranch siguen generando fascinación en la frontera entre ciencia, mito y creencia.

De la misma manera, no podemos descartar la cantidad de casos relacionados con naves y seres extraterrestres que han sido vistos por personas en distintos sitios de nuestro planeta y que, en muchos casos, aparentemente comprobados, no parecen dejar dudas sobre la posibilidad de decir que no estamos solos. Basta sólo con darle un vistazo a YouTube, Instagram, TikTok o mirar documentales en sitios como Netflix, Prime, etc., para darnos cuenta de ello.

La búsqueda de otros seres y civilizaciones cambia nuestra comprensión del universo y de nosotros mismos. Nos invita a mantener una mente abierta, a continuar explorando el cosmos y a preparar el camino para responder preguntas cada vez más profundas: ¿Podremos en el futuro habitar otros planetas? ¿Existen dimensiones desconocidas a nuestro alcance?

El viaje para descubrir si no estamos solos continúa siendo uno de los más apasionantes y prometedores para la humanidad.

Capítulo 12
El Camino Interior

Hasta ahora hemos buscado respuestas en los senderos externos, pero es en el camino interior donde debemos comenzar a formular las preguntas correctas. El camino interior no exige mapa, ni pasos medidos, sino el coraje de mirar hacia adentro, con profundidad. Es el momento en que el ser humano deja de buscar fuera y empieza a recordar dentro. Como hemos visto, pudiésemos decir que conocernos a nosotros mismos es un reencuentro con lo eterno. Quien busca conocerse mejor debe contemplar sus sombras, no para temerles, sino para abrazar su totalidad. Es el momento donde aparece la aceptación de lo negado: dolor, culpa, deseo, miedo; es parte de la verdad de lo que somos. Mientras hemos explorado rutas externas en busca de respuestas, el sendero que transforma no es el que recorre montañas y desiertos, sino aquél que penetra nuestras propias profundidades. Pero llega un momento, silencioso, íntimo, inevitable, en que el alma susurra: *mira hacia adentro.*

Ese susurro no exige brújula ni coordenadas. No hay pasos medidos ni logros visibles. El camino interior es un descenso, no hacia lo oscuro, sino hacia lo profundo. Es la travesía que comienza cuando el ruido del mundo se desvanece y emerge el sutil murmullo del alma.

El viaje sin mapa

El sendero interior no se mide en kilómetros, sino en valentía. Es la suma de todas las dudas que nos negamos, de los dolores que postergamos, de los sueños que olvidamos. No se trata de avanzar, sino de habitarse. De detenerse, escuchar y recordar.

- Habitar el dolor sin disfrazarlo.
- Habitar la culpa sin condenarse.
- Habitar el deseo sin juzgarlo.
- Habitar el miedo sin rendirse.

Cada sombra que aparece no es un obstáculo, sino una puerta. Y cada puerta nos conduce a una parte olvidada de nosotros mismos. Porque conocerse no es acumular definiciones, sino despojarse de ellas. Es contemplar lo negado, el dolor, la culpa, el deseo o el miedo, no para temerle, sino para abrazar nuestra totalidad.

Recordar en lugar de buscar

Buscar implica una carencia. Recordar, en cambio, es reconocer lo que ya está. El camino interior nos invita a recordar quiénes somos antes de los nombres, antes de los roles, antes de las expectativas. Es un reencuentro con lo eterno que habita en lo cotidiano: en una mirada sincera, en un gesto compasivo, en el silencio que no exige respuestas.

«Conócete a ti mismo» no es una consigna filosófica, sino una llamada a la autenticidad. A dejar de huir de lo que somos y empezar a abrazarlo.

Las sombras como maestras

No hay luz sin sombra, ni verdad sin contradicción. El camino interior nos enseña que no somos sólo nuestras virtudes, sino también nuestras fracturas. Y que, en esas grietas, puede entrar la luz.

- El dolor nos enseña sensibilidad.
- La culpa nos muestra responsabilidad.
- El deseo revela nuestra pasión.
- El miedo señala lo que más valoramos.

Aceptar lo negado no es resignarse, sino integrarse. Es dejar de dividirnos entre lo que mostramos y lo que escondemos. Es permitir que lo oculto se vuelva visible, que lo reprimido se vuelva voz, que lo olvidado se vuelva memoria.

La chispa del propósito

Toda travesía interior culmina en una pregunta que arde:

¿por qué estoy aquí? No como lamento, sino como chispa. El propósito no siempre es grandioso ni espectacular, pero siempre es verdadero. Puede estar en cuidar a alguien, en crear belleza, en sanar una herida, en sembrar una idea. Lo importante no es la magnitud, sino la autenticidad.

El sentido no es una meta, sino una fidelidad profunda a aquello que nos transforma por dentro. Porque el camino interior no nos lleva lejos. Nos lleva a lo profundo de nuestro ser.

Caminar con las preguntas

Hay momentos en la vida donde no se encuentran respuestas, pero hay que saber preguntar para no sentirse como un viajero sin brújula, rodeado de voces ajenas, ideas prestadas, caminos dibujados por otros. Hay que aprender a convivir con las preguntas sin exigirles respuestas inmediatas. A sostener el vacío sin llenarlo de ruido. A caminar con las dudas como compañeras, no como amenazas.

En ese espacio de incertidumbre, algo profundo se revela: la conciencia, el recuerdo, la conexión con lo divino.

La energía que sostiene todo

Recuerda siempre esa energía infinita que hay en el universo, que es Dios, o como quieras llamarla, Vida, Amor, Consciencia, está también en el cosmos y en el gesto cotidiano, en lo inmenso y en lo pequeño. Esa energía es tan poderosa que se hace incomprensible. Es la energía más grande del universo, capaz de ver y hacer todo lo imaginable e inimaginable. Es una sola, aunque cada cultura o religión la nombra distinto. Y está disponible para ti, como guía, como fuerza, como espejo. Y con ella puedes contar para conocerte mejor, para recordar lo que eres, para sostenerte en el silencio, en la sombra, en la chispa.

Capítulo 13
Conclusiones

¿Qué sentido tiene la vida si la muerte nos espera? Ya no me pregunto si la muerte es el final, sino si la vida ha sido suficientemente consciente del viaje que representa. La existencia humana es un puente: entre la biología que nos limita y el alma que nos trasciende. Entre el instante que se desvanece y la eternidad que nos llama.

Llegar al final no es cerrar una puerta, sino descubrir que nunca hubo ninguna.

La vida, como la muerte, no tiene bordes definitivos. Es conciencia en movimiento, energía que cambia de forma, memoria que persiste.

Desde el principio, la Biblia nos recuerda que fuimos creados con propósito:

«Entonces dijo Dios: Hagamos al hombre a nuestra imagen, conforme a nuestra semejanza...» — Génesis 1:26

Esta afirmación no es sólo teológica, sino existencial. Ser imagen de Dios implica que llevamos dentro de nosotros una chispa de lo eterno, una vocación hacia lo trascendente. No somos accidentes cósmicos, sino reflejos de lo divino, capaces de amar, crear, elegir y recordar.

A lo largo de estas páginas, hemos recorrido caminos filosóficos, biológicos, religiosos y espirituales. Hemos interrogado a la muerte, no como enemiga, sino como maestra. Hemos visto que el alma no es una fantasía, sino una posibilidad legítima, revelada en diálogo con la ciencia y la experiencia de seres como **Allan Kardec**, **Edgar Cayce**, **Brian Weiss** y **Chico Xavier**, quienes, de una forma u otra, han tocado el velo del más allá. Y en ese espejo, también nos hemos visto a nosotros mismos.

Hoy sé que el tiempo no nos pertenece. Somos huéspedes breves en un reloj que no perdona. Pero también somos chispa de eternidad, si aprendemos a mirar más allá del calendario y del miedo. Como dijo Chico Xavier: «No muere quien se transforma, sólo se muda de plano.»

No he buscado imponer una verdad, sino provocar preguntas que ardan con más fuerza que cualquier certeza. Si este libro logra eso, entonces no termina, respira por ti. Somos la brasa de una memoria que no se extingue, el eco de una energía que cambia de forma, pero no de esencia.

Conclusiones

Este libro lo he querido enfocar para todos los que miran el cielo y no sólo ven estrellas.

Para todos los que alguna vez sintieron que la muerte no nos roba, sino los revela; para quienes no temen preguntar lo que el mundo prefiere callar.

Si algo en estas páginas encendió una llama, no la apagues. Quizás no encontremos todas las respuestas, pero ya no caminamos solos. La eternidad no se alcanza, se recuerda.

Gracias también por permitir que este viaje existiera también en ti. Que cada línea que hayas leído vuelva a ti como intuición, como sueño, como certeza. Recuerda, que, aunque la infinita energía del universo, que yo llamo Dios, está contigo, también te dio el libre albedrío. Haz el bien y no el mal, para que tus vidas, todas ellas, asciendan hacia la luz que nunca se apaga.

Glosario de términos clave

Espiritualismo: La creencia de que hay algo más en el ser que la materia; la oposición al materialismo.

ECM - Experiencias cercanas a la muerte

Espiritismo: La doctrina que tiene por objeto las relaciones del mundo material con los espíritus o seres del mundo invisible.

Espírita / Espiritista: Adepto o seguidor de la doctrina espírita.

Alma: Según la acepción adoptada en el libro, el ser inmaterial e individual que reside en nosotros y sobrevive al cuerpo.

Principio vital: El principio de la vida material y orgánica, común a todos los seres vivos, independiente de la facultad de pensar.

Fluido vital: En la opinión más común, un fluido especial esparcido universalmente, del cual los seres vivos absorben y asimilan una parte; también designado como fluido eléctrico animalizado, magnético, nervioso, etc.

Mesas giratorias / Danza de las mesas: Denominación vulgar para el primer hecho observado de varios objetos que se movían espontáneamente.

Médium: Persona dotada de una facultad especial que sirve como medio o intermediario entre los Espíritus y los hombres para las manifestaciones.

Mediumnidad: La capacidad que algunas personas tienen de comunicarse con entidades del plano espiritual o con conciencias desencarnadas.

Periespíritu: El lazo o principio intermedio que une el alma (espíritu encarnado) al cuerpo; una especie de envoltura semi material que el espíritu conserva después de la muerte.

Mundo espírita: El mundo de los espíritus o seres inmateriales; el mundo invisible, normal, primitivo, eterno y preexistente.

Espíritus Superiores: Espíritus del primer orden, que se distinguen por su perfección, conocimientos, proximidad a Dios, pureza de sentimientos y amor al bien.

Glosario de términos clave

Espíritus inferiores: Espíritus de grados inferiores, inclinados a las pasiones humanas como el odio, la envidia, los celos, el orgullo, y que se complacen en el mal.

Espíritus superficiales (Esprits légers): Espíritus que no son ni muy buenos ni muy malos, más embrollones y chismosos que malvados, caracterizados por la malicia y la inconsecuencia.

Encarnación: El proceso por el cual los Espíritus revisten temporalmente una envoltura material perecedera (el cuerpo).

Espíritu errante: El estado del espíritu al abandonar el cuerpo, antes de tomar una nueva existencia material.

Manifestaciones ocultas: Comunicaciones de los Espíritus que tienen lugar por medio de su influencia buena o mala en nosotros, sin que la conozcamos conscientemente.

Manifestaciones ostensibles: Comunicaciones de los Espíritus que se verifican por medio de la escritura, la palabra u otras manifestaciones materiales, a menudo a través de médiums.

Evocación: El acto de llamar o invocar a los Espíritus para que se manifiesten.

Teoría sonambúlica: Teoría que explica las manifestaciones espíritas como efectos magnéticos, donde el médium, en un estado similar al sonambulismo, obtiene las nociones de sí mismo por su lucidez.

Teoría reflexiva: Teoría que explica las manifestaciones espíritas como el médium reflejando las ideas, pensamientos y conocimientos del medio ambiente o de las personas que le rodean.

Panpsiquismo: Es la visión de que la mente o un aspecto similar a la mente es una característica fundamental y ubicua de la realidad.

Física cuántica: Es el marco de Haag-Kastler para la teoría cuántica de campos, también conocido como AQFT (por Algebraic Quantum Field Theory).

Paranormal: El término paranormal (también, fenómenos paranormales; del griego παρά, *pará*, «al lado, al margen», y el adjetivo «normal») alude a supuestos fenómenos descritos en la cultura popular, en el folclore y en otros cuerpos de conocimiento no científicos, cuya existencia se describe como más allá del alcance de la comprensión científica «normal».

Glosario de términos clave

Sanación holística: Es un enfoque que considera al ser humano como un todo: cuerpo, mente, emociones y espíritu están interconectados y deben tratarse de manera integral para lograr el bienestar.

Bibliografía

Many Lives, Many Masters, editorial de **Simon & Schuster,** 1988

Selecciones de Reader's Digest, 1978

Wikipedia, la enciclopedia libre

Redes sociales

Instagram

YouTube

Documentales de Netflix

Sitios web

History.com

theguardian.com/us

Reddit.com

ASU News

Phys.org

eurekalert.org

The Washington Post

Live Science

Reuters

Acerca del autor

Octavio J. Rodríguez es economista formado en Estados Unidos y abogado titulado en Venezuela, con amplia experiencia en asesoría y dirección de organizaciones en Norteamérica, el Caribe y Sudamérica. Ha ocupado cargos gerenciales y directivos en diversos sectores, liderando transformaciones operativas, optimización de costos y diseño organizacional. Como consultor ha trabajado con empresas estadounidenses, canadienses, dominicanas y venezolanas, traduciendo estrategia en resultados prácticos. Fue profesor universitario durante años y ha impartido talleres y seminarios ejecutivos centrados en la aplicación práctica de la administración y la gerencia.

Además de su interés por la gestión y la gobernanza, mantiene una curiosidad sostenida por las grandes preguntas de la existencia, incluyendo la posibilidad y el sentido de la vida después de la vida, que nutre su enfoque reflexivo y humano en el trabajo profesional.